ছায়াছবি

রাফিয়া সুলতানা

pencil

ISBN 978-93-5458-661-3

Published in India 2021 by Pencil

A brand of
One Point Six Technologies Pvt. Ltd.
123, Building J2, Shram Seva Premises,
Wadala Truck Terminal, Wadala (E)
Mumbai 400037, Maharashtra, INDIA
E connect@thepencilapp.com
W www.thepencilapp.com

Author biography

রাফিয়া সুলতানা

কবি রাফিয়া সুলতানার পিতা মরহুম গোলাম রেজ্জাক ও মাতা আখতারুম মণির। পিতা পেশায় অধ্যাপক ও মাতা ছিলেন শিক্ষিকা।

জন্ম- ১৯৬৯ সালে ৩রা ফেব্রুয়ারি,পশ্চিমবঙ্গের বীরভূম জেলার সিউড়ী শহরে।সিউড়ী রিভার থমসন গার্লস হাইস্কুল এ বিদ্যাশিক্ষা।সিউড়ী বিদ্যাসাগর কলেজে পদার্থবিজ্ঞানে স্নাতক ও বহরম ইউনিয়ন ক্রিশ্চিয়ান ট্রেনিং কলেজে বিএড ডিগ্রী লাভ। সিউড়ী সেন্ট্রাল সাবারবার্ন স্কুল ও আরামবাগে শিশুগুচ্ছ স্কুলে শিক্ষকতার অভিজ্ঞতা।

প্রকাশিত কাব্য গ্রন্থ " সন্ধ্যার মেঘমালা ","বাঁধনহারা ঢেউ ""রৌদ্রমেঘের লুকোচুরি "ও যৌথ গল্পের বই "বেদনার বালুচরে "।

CONTENTS

ছায়াছবি - রাফিয়া সুলতানা

ছায়াছবি
রাফিয়া সুলতানা

প্রচ্ছদ:- কবির নিজস্ব ভাবনা

উৎসর্গ:- ছায়াছবি কাব্যগ্রন্থটি আমার জীবনসঙ্গী ডঃ মহঃ

মসিউর রহমানের করকমলে উৎসর্গ করলাম।আমার দৈনন্দিন জীবনের পথচলায় যাঁর সাহচর্য্য ও অবদান অনস্বীকার্য ও অমূল্য ।

সমস্ত রকম এডিটিং পি'ডি,এফ পেজ পি'ডি,এফ ফাইল মেকার

স্ব-বাক প্রকাশনী

E-mail- bananipatra200@gmail.
com
Phone no -9143098660

মুখবন্ধ:-

সমাজ ভাবনার সহজ শব্দমালা

রাফিয়া সুলতানার এটি চতুর্থ কাব্যগ্রন্থ। এর আগে কবিতা ছাড়া গল্প সংকলনও বের হয়েছে। তাঁর গল্প এবং কবিতা পড়ার এর আগেও সুযোগ হয়েছে। এবার কবি সেই সুযোগ আরও একধাপ বাড়িয়ে দিলেন। দীর্ঘ বছর সাহিত্যজগতের গায়ে লেগে থাকা হেতু নানা ধরনের লেখা পড়া এবং শোনার সুযোগ আমার পক্ষে হওয়া স্বাভাবিক। এ প্রসঙ্গে কবির অন্য একটি কাব্যগ্রন্থের একটি কবিতার লাইন মনে পড়ছে।'বারান্দাতে সময় কাটে' কবিতায় দীঘির কালো জলে/থেকে থেকে পানকৌড়ি/ ডুবকি দেবার ছলে/ধরছে বুঝি মাছেরপোনা/স্বকীয় কৌশলে।

'স্বকীয় কৌশলে' শব্দ ব্যবহার করেন কবিতায়। আছে প্রকৃতির সঙ্গে পাখি জল গাছপালা নিয়ে অবসর সময় কাল। কামিনী ফুলের আত্মত্যাগের দুঃখ কবির কবিতায় সুন্দরভাবে তুলে ধরেছেন। যে রাতের বেলা স্বপ্ন বিলোয় দিনের আলোয় সে ঝরে পড়ে। আগের রাতের বৃষ্টিস্নাত সে। 'একটা রাতের অতিথি সে/ লজ্জাবতী রানী,/ নিলো বিদায় বিছিয়ে দিয়ে/ গাছেরতলা খানি!'

মায়ের যে কোনও বিকল্প হয় না রাফিয়া তাঁর 'নারী-সৃষ্ট অলংকার' কবিতায় আমাদের কাছে সুন্দরভাবে তুলে ধরেছেন।

আজ দেশের মানুষ বিপন্ন। এত বিপন্ন অবস্থা এর আগে দেশের মানুষকে কখনও পড়তে হয়নি। যাদের দায়িত্ব সাধারণ মানুষের জীবন-জীবিকা রক্ষা করা তারাই এখন ভক্ষকের ভূমিকা পালন করছে। মানুষের মধ্য ভাগাভাগি করার সঙ্গে তাদের মুখের গ্রাস কেড়ে নেওয়া হচ্ছে ভাঁওতা দিয়ে। আমরা

কবির ভাষায় একবার দেখেনি-ই তিনি কি ভাবে তা প্রকাশ করছেন—"গোছাও শুধু নিজের আখের দশের করে ক্ষতি,/বুঝছে সবাই যতই করো কায়দা কেরামতি !/ইতিহাসে রইবে লেখা কালিতে বদনাম,/যতই বোঝাও ভুজুংভাজুং, যতই ভজো রাম!"

করোনা মহামারী আকারে সারা বিশ্বকে নাড়িয়ে দিয়েছে কবির জীবনও যে দারুণ ভাবে প্রভাবিত। মানুষের জীবন কি ভাবে বিপর্যস্ত হয়ে পড়ে। খাদ্য বাসস্থানের সঙ্কট, পুলিশি অত্যাচার। তা তাঁর 'এতটুকু ভাইরাস' কবিতায় তুলে ধরেছেন। আজ দুমাস ধরে দেশের অন্নদাতা কৃষকরা আন্দোলনে শামিল হয়েছেন। তাঁদের উপর অযৌক্তিক তিনটি বিল চাপানো হয়েছে। যার ফলে অন্নদাতারা নিজেরাই আজ নিরন্ন অবস্থায়। তাদের ভবিষ্যৎ আরও অন্ধকারের দিকে নিয়ে যাচ্ছে। সমস্তটাই হচ্ছে কর্পোরেটদের স্বার্থ রক্ষার্থে। সরকার গঠনে এরাই নাকি বড় ভূমিকা নিয়ে থাকে। সাধারণ গরিব খেটেখাওয়া মানুষগুলো আরও বিপন্ন হয়ে পড়ছে। তাই কবিও হয়ে ওঠেন প্রতিবাদী। কবিতো এই সমাজব্যবস্থারই একজন। সমাজের আঁচ তাঁর গায়ে এসেও লাগে। কবিমন অস্থির হয়ে ওঠে এক অশনিসংকেতের আশঙ্কায়।'জয় কিষাণের জয়' কবিতায় আমরা সেই অভিব্যক্তি পাই। 'অহংকারের ফানুস'-এ কিভাবে রাজনীতির ঘোলাজলে মানুষকে নাকানি চোবানি খাওয়ানো হয়। কবি রাফিয়া সুলতানা যে কতটা সমাজমনস্ক তাঁর নানা কবিতার মধ্য দিয়ে পাঠকদের দরবারে তা তুলে ধরেছেন। তাঁর আরও কবিতা পড়ার আগ্রহ জাগিয়ে রাখলেন কবি।

নরেশ মণ্ডল

কবি, কথা সাহিত্যিক, সাংবাদিক

কবি পরিচিতি:-

রাফিয়া সুলতানা

পিতা মরহুম গোলাম রেজ্জাক ও মাতা আখতারুম মণির। পিতা পেশায় অধ্যাপক ও মাতা ছিলেন শিক্ষিকা।
জন্ম- ১৯৬৯ সালে ৩রা ফেব্রুয়ারি,পশ্চিমবঙ্গের বীরভূম জেলার সিউড়ী শহরে।সিউড়ী রিভার থমসন গার্লস হাইস্কুল এ বিদ্যাশিক্ষা।সিউড়ী বিদ্যাসাগর কলেজে পদার্থবিজ্ঞানে স্নাতক ও বহরম ইউনিয়ন ক্রিশ্চিয়ান ট্রেনিং কলেজে বিএড ডিগ্রী লাভ। সিউড়ী সেন্ট্রাল সাবারবার্ন স্কুল ও আরামবাগে শিশুগুচ্ছ স্কুলে শিক্ষকতার অভিজ্ঞতা।
প্রকাশিত কাব্য গ্রন্থ " সন্ধ্যার মেঘমালা ","বাঁধনহারা ঢেউ ""রৌদ্রমেঘের লুকোচুরি "ও যৌথ গল্পের বই "বেদনার বালুচরে "।

সূচিপত্র

১.মিনতি

কত যতনেতে গড়েছো বিশ্ব ব্রহ্মান্ড এ তুমি,
প্রতি চরাচর পাহাড় বনানী সাগর তটিনী ভূমি!

কত মমতায় ভরেছো হৃদয় জননীর- প্রাণীকুলে,
কত না খেয়াল রাখো সবাকার আহারাদি দাও তুলে!

কত না নিখুঁত কারিগরী দিয়ে দিয়াছো প্রতিটা রূপ,
ময়ূর হরিণী কীটপতঙ্গে আমি দেখি নিশ্চুপ!

ফলে ফুলে দিলে কত না বাহার কত রঙ কত স্বাদ,
কোনো সৃষ্টিই তোমার করুণা হতে পড়ে নাই বাদ!

পবনে ভরিলে প্রশ্বাস বায়ু ভুতলে তৃষার জল,
নিশীথে দিয়াছো ঘুমের আঁধার দিনে রবি উজ্জ্বল!

বর্ষায় দিলে স্নেহবারি শীতে হিমের স্নিগ্ধ রেশ!
গ্রীষ্মে প্রখর দাবদাহ বসন্তে মনোরম পরিবেশ!

যদি এত দয়া যদি এত স্নেহ 'পরে এ সৃষ্টিচয়-
ওগো দয়াময় এ অধমে দাও শ্রীচরণে আশ্রয়!

২.ঢেউয়ের সৌন্দর্য্য

পড়ন্ত বৈকালে কোন
বসে সাগরকূলে-
দেখি ঢেউয়ের সারি ভেসে
আসছে দুলে দুলে!
তাদের পানে রইলে চেয়ে
হচ্ছে যেন মনে-
ক্রীড়ারত কিশোরীদল
উচ্ছল যৌবনে!

একসঙ্গে মিশে সবাই
উঁচু হয়ে উঠে-
শব্দ করে বোমার মত
যাচ্ছে ফেনায় ফুটে!
হঠাৎ যেন খোঁপা খুলে
ছড়িয়ে এলো কেশে-
জড়িয়ে ধরে গড়িয়ে পড়ে
হোহো ক'রে হেসে!

অগণিত অবিশ্রান্ত
অশান্ত সে ঢেউ-
নিত্য করে ছোটাছুটি
নেয় না বিরাম কেউ!
বাড়িয়ে বাহু উপুড় হয়ে
লুটিয়ে পায়ে এসে,
আমায় যেন সোহাগ করে

বড়ই ভালোবেসে!
দূর থেকে সব দৌড়ে এসে
একসঙ্গে জুড়ে-
গড়ছে দেয়াল ভাঙছে আবার
লাভার মত ফুঁড়ে !
যায় যে বেলা নেইকো খেয়াল
রইযে আমি চেয়ে-
ঢেউয়ের এরূপ সৌন্দর্য্যে
মোহাচ্ছন্ন হয়ে !

৩.কামিনী কুসুম

বাদল ঝরা সন্ধেবেলা
গন্ধ এলো নাকে-
লাগলো চমক সাজিয়ে ডালি
কামিনীর ঐ ডাকে,
শুভ্র সাদা থোকা থোকা
প্রস্ফুটিত কলি,
তীব্র মধুর গন্ধ বিলায়
উজল করে গলি!

ঝমঝমিয়ে বৃষ্টি যখন
পড়ছে শাখায় ঝ'রে-
ঠিক যেন তা করছে সে পান
পাতায় করজোড়ে!
বিবশ হয়ে দেখছি চেয়ে
তার ঐ মাদক পান,
করছে পাগল আগলছাড়া
মদির করা ঘ্রাণ!

সকাল বেলায় আলোয় আলো
শুভ্ররঙের ফুলে,
ঝরলো লাজে তুলে যখন
গুঁজতে গেছি চুলে।
একটা রাতের অতিথি সে
লজ্জাবতী রাণী,
নিলো বিদায় বিছিয়ে দিয়ে
গাছেরতলা খানি !

৪.ছায়াছবি

দীঘির দুটি কূলে-
নারিকেলের গাছগুলি সব
দাঁড়িয়ে এলো চুলে,
মজে যেন গালগল্পে
কোমরে হাত তুলে!

দীঘির কূলে কূলে
রঙিন রঙিন প্রজাপতি
উড়ে বেড়ায় ফুলে!
গরুছাগল মুখ দিয়ে যায়
ঘাসে ফলে মূলে!

কাজলা দীঘির কূলে
বুনো গাছের লতাগুলি
হাত বাড়িয়ে ঝুলে-
ভাবে বুঝি কেমন হতো
জলতরঙ্গ ছুঁলে!

দীঘির কূলে কূলে
ঝোপে ঝাড়ের ছায়াছবি
উঠছে দুলে দুলে!
দেখি সে রূপ আমি শুধুই
নয়ন দুটি খুলে!
দীঘির দুটি কূলে
সূর্যাস্তের পরে যখন
সবাই পড়ে ঢুলে-
উড়ন্ত ঐ বকের পাখায়
নিজেরে যাই ভুলে!

৫.ডাকে যদি গ্রামছাড়া ঐ রাঙামাটির পথ

গ্রামছাড়া ঐ রাঙামাটির পথটি যদি ডাকে
হারিয়ে যাবো শালপিয়ালের বনে নদীর বাঁকে।
সাধ যে বড় বাউল বেশে নিবিড় আঁধার বনে,
খেজুর পাতার ছাউনি গড়ে রইতে আপন মনে।

কুড়িয়ে খাবো জঙ্গলেরই বৈঁচি পিয়াল ফল,
আঁজলা ভরে পান করবো মিঠা নদীর জল!
কাঠবিড়ালী লেজটি তুলে বসবে দাওয়ায় এসে,
গায়েতে তার হাত বুলাবো আলতো ভালোবেসে!

চড়ুই টিয়া কিচির মিচির করবে গাছের ডালে,
বসবে এসে শালিক পাখি খেজুর পাতার চালে।
ঝোপে ঝাড়ে ফুটবে নানা রঙিন রঙিন ফুল,
তুলে তাদের সাজিয়ে নেবো টোপা খোপার চুল!

তপোবনের শকুন্তলার মতন দিবস যামি ,
গাঁথবো বসে ফুলের মালা মনের সুখে আমি!
রবির দেশে কবি হয়ে ঘুরবো আপন ভোলা,
একতারাতে সুরটি বেঁধে সন্ধ্যা সকালবেলা!

ফিরবো নাকো কারো কথায় শুনবো নাকো ডাক,
বনের মাঝে বাউল সাজে জীবন কেটে যাক!
ডাকে যদি গ্রামছাড়া ঐ রাঙামাটির পথ,
বাউল বেশে হারিয়ে যেতে আমার মনোরথ!

৬.রাত্রির কলধ্বনি

রাতের ও আকাশ ঘিরে
ভাসা ভাসা মেঘ চিরে
আকাশের গায়,
মুখের ওড়না টানি
আধখানা চাঁদ খানি
উঁকি দিয়ে চায়।

মিঠে ভালোবাসা মাখা
হাওয়া যেন মেলে পাখা
ছুঁয়ে দিয়ে যায় ,
বসে দেখি একমনে
আমার এই আবাসনে
ব্যালকনিটায় ।

শুনে যাই কান পেতে
ভেসে আসা বাতাসেতে
পাপিয়ার ডাক ,
ডেকে ওঠে থেকে থেকে
না জানি কি কৌতুকে
এক দাঁড়কাক।

শোনা যায় দীঘি কূলে
দলবেঁধে সুর তুলে
শিয়ালের গান,
প্রিয় আলাপনে রত
লনে হাঁটা মেয়ে যত
করে কলতান!

শুনি কানে দূর হতে
ধেয়ে চলা রাজপথে
যানেদের হর্ণ,
আকাশের বুক ফুঁড়ে
বিমানেরা যায় উড়ে
ক'রে গর্জন।

শহরের সীমাতলে
মাঠঘাট জঙ্গলে
ঢাকা আধা গ্রাম ,
কিনারায় দীঘিজল
তার পাড়ে বনতল
ধারে এই ধাম!

নিশিরাত নিঝ্‌ঝুম
পরিবেশ ঘুমঘুম
ফুরফুরে হাওয়া ,
হেথা হোথা হতে শুনি
রাত্রির কলধ্বনি
করে আসা যাওয়া!

৭.না হলে জন্ম হতাম না জ্ঞাত

যত দেখি এই ধরনীর রূপ
আঁখি হয় পরিশান,
বিমুগ্ধ মন বিস্মিত হিয়া
বিমোহিত দু নয়ান!
ভরে অঞ্জলি বিশ্বশোভার
অমৃত করছি পান!
পাঠালে ধরায় তাইতো ধন্য
হলো এ তুচ্ছ প্রাণ।

কত শৃঙ্খলা তোমার বিশ্বে
বিচিত্র এই থান,
হয়নাকো কারো এতটুকু ভুল
ত্রুটির সঙ্কুলান!
মেনে চলে সবে তোমার শাসন
নিয়মে নিষ্ঠাবান।
চমকিত হই দেখে ও শক্তি
পরাক্রমের মান।

করুণাসিন্ধু অপার তোমার
তুমি যে মহাপ্রাণ ,
নেই কৃপণতা করে যে চলেছো
গণ্ডুষ ভরে দান!
দিলে এ জীবন তাই বুঝলাম
তোমার কতই শান!
না হলে জন্ম হতাম না জ্ঞাত
তুমি কত মহীয়ান!

৮.বনে ঘেরা সংসার

মাছরাঙা তারস্বরে ডাকে- কই প্রিয়া কই!
কোন দূরে ঝোপ ফুঁড়ে সাড়া দেয় সাথী ঐ।
পিউ কাঁহা পিউ কাঁহা- কাঁদে ঐ পাপিয়া,
ম্যায় হুঁহা- বলে যেন সখি গলা কাঁপিয়া।

কুহু কুহু ডাকে ঐ কোকিলেরা দুজনে,
গান গেয়ে সাড়া দেয় এ ওকে কূজনে।
সারাবন মুখরিত তাদের এই ডাকেতে,
লুকোচুরি দিনমান চলে তরু শাখেতে।

ডুব দিয়ে ভিজে পাখা মেলে পানকৌড়ি,
টুপ টাপ দেয় লাফ বসন্ত বৌরি!
খেজুরের শাখা পরে ঝুঁটিবাঁধা বুলবুল,
পোকা খুঁজে খুঁটে খায় ক'রে থেকে চুলবুল।

ঘাড় নেড়ে চারিদিকে চেয়ে চেয়ে হইচই,
কানে দিয়ে টানা নথ শালিকেরা করে ঐ,
স্বরগমে গলা সেধে দোয়েলাটি দেয় শিষ,
ভ্রমরের গুনগুন ফড়িং এর ফিসফিস।

চরে বসে সাদাবক মেরে রয় ঘাপটি,
নেই যেন তাড়া কোন নেই কাজে চাপটি
বনে ঘেরা দীঘিতলে রকমারী সংসার,
বসে থেকে আমি দেখি তাদের এই কারবার!

৯.বাঙালির ভুরিভোজ

ডাল মেখে সাদা ভাত পেট পুরে খাই
সাথে শাক মাছভাজা তুলনা যে নাই!

রেখে দাও বিরিয়ানী রোল মোগলাই,
মাঝে সাঝে ভালোলাগে সদা নাহি চাই!

রোজ রোজ ভুরিভোজ হজমে যে দায়,
বাঙালির পেট পূজা মাছ ভাতে ভাই।

শুক্তো লাবড়া বা পোস্ত বড়ায়।
আরো ভালো বেগুন বা পটল পোড়াই!

ওল ভাতে কচু ভাতে মন্দ কী তাই?
টমেটোর পোড়া হলে আরো ভালো খাই!

পাতি লেবু বাসি ভাত কাঁচা লঙ্কাই
পিঁয়াজের কুচি দিয়ে কম কিসে যায়?

কিবা আসে মায় শুধু আলু ভাতেটাই।
চেঁটে পুটে সেঁটে খাই পাতে যদি পাই!

১০.ইচ্ছাপূরণ

নদীর ধারে দেখলে বাড়ি ইচ্ছা হতো মনে,
আমার যদি এমন বাড়ি থাকতো কোনোখানে!
হাতে বুঝি স্বর্গ পেতাম এমন হতো যদি-
সারাটিদিন কাটিয়ে দিতাম দেখে সে ঐ নদী ।
গাছের নীচে জলের ধারা বইতো আপন তালে,
নদীর শীতল হাওয়ার পরশ বুলিয়ে যেতো গালে !

প্রভু সেদিন আড়াল থেকে হেসেছিলেন বুঝি,
তাইতো এমন বাটিকা এক আমায় দিলেন খুঁজি!
ভাবিনি তো কোনোদিনও পুরবে মনের আশা!
পেলাম দেখি অবশেষে জলের ধারে বাসা!
বিরাট সে এক কাজলা দীঘি টলোমলো ধারা,
পাড়ে যে তার সবুজ কানন পাখপাখালি ভরা।

দিনের বেলায় পাখির কূজন রাতে শোনায় গান
দলবেঁধে ঐ শিয়ালগুলি ছেড়ে গলার টান!
মাথার উপর নীলাম্বরী নীচে সবুজ বন,
পুবের হাওয়ায় জলকেলি চলছে সারাক্ষণ!
গাছের পাতা হাওয়ায় দুলে হাসছে সারাবেলা,
ভাসছে আকাশ-সাগর বেয়ে সাদা মেঘের ভেলা।

মায়াবী সেই বনের ছায়া তরঙ্গিত ঢেউ,
এমন আগে আবিষ্ট আর করেনিকো কেউ!
যতই দেখি ভ'রে আখি হয় না দেখার শেষ,
মেঘলা দিনে আরো যেন অপূর্ব তার রেশ!

মহানপ্রভুর পরম দানে আহ্লাদিত প্রাণ,
কৃতজ্ঞতায় গায়ছে শুধু তাঁরই গুণগান!

১১.রিমিঝিমি বর্ষণ

রিমিঝিমি বরষণ সুশীতল বায়
ঘুঙুরের ধ্বনি যেন বাজে কার পায়!

মেঘরাজি উড়ে যায় মেলে দিয়ে পাখা
বাঁকা হয়ে ঝিরিঝিরি কাঁপে তরুশাখা।

গাছপালা ডাল মেলে ধুয়ে তার পাতা
করে যেন উপভোগ নুয়ে নিয়ে মাথা!

দীঘিতলে অঝোরেতে ঝরে বারিধারা
ঢেউ তুলে নেচে নেচে ছোটে দিশাহারা!

ঘোর আঁধার আকাশেতে বিজলীর রেখা
রেখে যায় বুঝি তার স্বরলিপি লেখা!

শনশন তরুবন বাজে যেন বাঁশি
সেই সুরে মিলে সুর ঝরে জলরাশি,

গুরুগুরু ডাকে মেঘ তবলার তালে
মন হলো উচাটন সে ইন্দ্রজালে!

১২.কবিতার পাতা

ফুরফুরে হাওয়া বয় বনতল হতে,
দীঘিজল বয়ে চলে তিরতির স্রোতে।
ছোট ছোট ঢেউ তুলে ছোটে উল্লাসে,
কচুরির পানাগুলি নেচে ওঠে ভেসে!

সকালের সোনারোদ পড়ে তার গায়
ঝিকিমিকি দিয়ে যেন হেসে হেসে চায়!
দলবেঁধে কালোমেঘ ধায় নীলাকাশে,
তরুদল চেয়ে তায় বৃষ্টির আশে!

দোল খায় তরুশাখা লেগে মৃদু হাওয়া
থেকে থেকে পাখি ঝাঁক করে আসা যাওয়া,
মাছরাঙা নীলডানা মেলে শুধু ঘোরে-
উড়োচিঠি কার যেন বক হয়ে ওড়ে!

প্রজাপতি নেচে নেচে ঘোরে হেথাহোথা
ডাক দিয়ে বালিহাস উড়ে যায় কোথা,
কোনোখানে টুনটুনি গুনগুনি ওঠে,
মেঘে দিয়ে পাল্লা সে কাকগুলি ছোটে।

মাঝখানে ভরাদীঘি পাড়ে তার বন
এই পারে আমি বসে ভাবে অচেতন!
গ্রোগ্রাসে গিলে খাই চোখে পড়ে যা-ই,
ভ'রে ওঠে তাই দিয়ে পাতা কবিতায়!

১৩.কুয়াশাচ্ছন্ন শহর

কুয়াশাতে আচ্ছন্ন
ভোরের বেলার শহর
সেথায় দেখি হঠাৎ একি
সূর্যশিখার বহর!

ধোঁয়া ধোঁয়ায় আকাশ বাতাস
ওড়না খানি ঢেকে,
হাসছে বুঝি লাজুক লাজুক
আলোর মেকআপ মেখে!

গাছের পাতা আড়মোড়া দেয়
অলস নিদ্রা ভুলে,
উঠলো হঠাৎ ঝলমলিয়ে
পত্ররন্ধ্র খুলে!

জলাশয়ে জলতরঙ্গ
ঝিকিমিকি হেসে,
ছুটছে বুঝি নেচে নেচে
হিরামানিক বেশে!

তীব্র মাঘের ক্ষীপ্র হাওয়ার
তীক্ষ্ণ তরবারি,
লুকায় বুঝি আঁচল ঢেকে
গুটিয়ে শীতের শাড়ি!

বাঁচলো শেষে হাঁফ ছেড়ে ঐ
শহর অধিবাসী,

উঠলো এবার নড়ে চড়ে
কাপড় ছেড়ে বাসি!

১৪.তোমাকে আমার চাই

সৃষ্টি তোমার এতো সুন্দর
যেদিকেতে আমি চাই,
চিরশ্রেষ্ঠ স্রষ্টা হে তুমি
কোনই তুলনা নাই!
তোমার সৃষ্ট অবোধ মানুষে
কত ভুল ক'রে যায়,
তবুও তাদের করো ক্ষমা তুমি
ক্ষমাসুন্দর তাই!
বিশাল ব্যাপ্ত মহাকাশ ভরা
অগণিত তারকায়,
ভুতল পাতাল সমুদ্র অতলে
কোথা না জীবন নাই?
কেমনে রাখিছো হিসাব তাদের
ভাবিয়া না কূল পাই,
করিছো সবার ভরণ পোষণ
কত সুদক্ষতায়!

তোমার মেধার নেই পরিসীমা,
নেই জ্ঞানে করুণায়,
পরাক্রম তুমি চিরসুন্দর
অরূপের সুষমায়!
প্রাচুর্য্যে ভরা ভাণ্ডার তব
অভাব কিছুর নাই!
পেতেছি দুহাত ভিক্ষায় দয়া
তোমার নিকটে তাই!

যে পায় তোমায় তোমার করুণা
তোমার নিকটে ঠাঁই,
ধন্য সে প্রাণ ধন্য জনম
সাধনা সিদ্ধ তায়!
রূপেতে শ্রেষ্ঠ জ্ঞানেতে শ্রেষ্ঠ
আদ্য অন্ত নাই,
প্রেমিকশ্রেষ্ঠ হে মহামহিম
তোমাকে আমার চাই!

১৫.সাঁঝের ধরণী কাজলবরণী

আঁধার ঘনায়ে চারিদিক ঘিরে
সন্ধ্যার নামে ঢল,
আলোকে সাজায় ঝিকিমিকি তারা
আকাশের অঞ্চল,

ঘোমটাটি টানি বিটপী বধুরা
নিশ্চুপ ধরাতল,
যেন মিলি দেয় সন্ধ্যা আরতী
সারি দিয়া নিশ্চল।

ঝোপে ঝাড়ে জ্বালে সন্ধ্যাপ্রদীপ
জোনাকি পাকায়ে দল,
সঙ্গে বাজায় শঙ্খের ধ্বনি
ঝিঁঝিঁদের কোলাহল!

কামিনী সুবাসে দখিনা বাতাস
ধায়তেছে বিহ্বল!
বাঁশবনে উঁকি দেয় কৌতুকে
চন্দ্র সমুজ্জ্বল।

সাঁঝের ধরণী কাজলবরণী
আসমুদ্র হিমাচল,
আমি করি বসে লিপিনিবদ্ধ
রূপ তার অ-বিকল!

১৬.চুলবুলি বুলবুলি

এক ঝাঁক বুলবুলি চপল পাখায়
করে শুধু চুলবুল খেজুর শাখায়,

ক্ষণে ক্ষণে দেয় দোল পাতায় ডালে
দ্রিমি দ্রিমি বাজে সু র হাওয়ার তালে ,

কিরি কিরি পাতাগুলি ঝিরিঝিরি বায়
দোলায় চামর যেন কান্ডের গায়,

থোকা থোকা ফলগুলি হলুদ শোভায়
বনে যত পাখিদের মরম লোভায়,

সারাদিন পাখি আসে ফলগুলি খেতে
কিচিমিচি কলরবে মহাসুখে মেতে,

কত শত রকমারি পাখি আসে যায়
না জানি সে কত সুরে গান তারা গায়,

এলো চুলে দুলে দুলে খেজুরের গাছ
সেই গীত সঙ্গতে করে যেন নাচ!

১৭.আবিররাঙা ভোরের আকাশ

ভোরের বেলা উঠে আজি
বিস্ময়েতে চাই!
দেখছি আমি সঠিক কিনা
চোখদুটি কচলাই!

যেন আবির ছড়ালো কেউ
আকাশের ঐ গায়,
আকাশ নববধূর মত
লজ্জারাঙা হায় !

কালো মেঘের ঘোমটা টানা
দিগন্ত সীমায়!
মাঝে তার ঐ আলতা সিঁদুর
গড়াগড়ি খায়!

দীঘির জলের আরশিতে যার
পড়ছে ছবিটাই,
শিল্পী যিনি মহিমা তাঁর
গাইতে থাকি তাই!

১৮.তুমি গৌরব ভারত মাতার

ভূমির বুকে ভূমিষ্ঠ হয়ে
ভূমিকে সঁপেছো প্রাণ,
তুমি যে গর্ব এ দেশমাতার
--- মসিউর রহমান!

মাটিতে পড়লে চরণ তোমার
মৃত্তিকা ওঠে গেয়ে,
ধুলিকণা হয় সোনা- তোমার ঐ
হাতের স্পর্শ পেয়ে!

ভ'রে ওঠে ক্ষেত সোনার ফসলে
চাষী মরে বিস্ময়ে,
চেয়ে থাকে তারা তোমার পানেতে
খুশি-বিহ্বল হয়ে!

হোক না বর্ষা,হোক না ঝঞ্ঝা
হোক যত অনাবৃষ্টি,
তুমি সচেষ্ট তবুও কিভাবে
হবে ফসলের সৃষ্টি!

সকল সময়ে এক ধ্যানজ্ঞান
ঘিরে থাকে একই ভাবনা,
কত শত নব প্রজাতির বীজ
তোমারইতো উদ্ভাবনা।

একদিন ঠিকই প্রতিধ্বনিত
হবে এ যুদ্ধজয়!
দিকে দিকে হবে অনুরণনিত
তোমার এই পরিচয়!
দেশ উপকৃত তোমাকে পেয়ে যে
উপকৃত এ চাষী,
তুমি গৌরব ভারতমাতার,
গর্বিত দেশবাসী!

১৯.কাজপাগলা লোক

এক যে ছিলো বিশেষজ্ঞ কৃষিগবেষক,
সারাটিক্ষণ গবেষণাই ছিলো যে তার শখ!
মানুষ খোঁজে কাজের ছুটি, উল্টো ছিলো সে,
সুযোগ পেলেই চাষের ক্ষেতে দৌড়ে যেতো যে!

যখন ছুটির আলসেমিতে সবার কাটে হায়,
খুঁজলে তাকে পাবে মাঠে গবেষণায় ঠায় !
লোকের যখন অকাজে মন ফাঁকির ছলাকলে !
ছুটিতে তার মাথাব্যথা,পাগল সাধে বলে?

বাড়ির খবর হাঁড়ির খবর সকলই যায় ভুলে,
চিন্তামগ্ন চালিয়ে আঙুল অবিন্যস্ত চুলে!
রাত্রে ভোরে ঘুমের ঘোরে, ভাবতে থাকে যে,
গবেষণাই ধ্যানজ্ঞান তার, এমনি মানুষ সে !

মরলো কিংবা পড়লো তাতে চিন্তা নেইকো মোটে
সকল ফেলে সকাল বিকাল কর্মক্ষেত্রে ছোটে!
অন্যে যে কাজ করতে গিয়ে হচ্ছে কুপোকাত,
করছে সে তা কঠোর শ্রমে দেখিয়ে বাজিমাত!

গঞ্জেগাঁয়ে চাষীর মুখে নামটি ফেরে তার,
নিবিষ্টপ্রাণ এমন লোকের জুড়িই মেলা ভার!
কাজে ডুবে থাকে সুখী, না থাকলেই শোক!
ব্রহ্মাণ্ডে বিরল এমন কাজপাগলা লোক!

২০.অধ্যাবসায়ের সুফল

নাম তার মসিউর ফতেপুর ধাম,
মনে রেখো ইতিহাসে লেখা রবে নাম।
ছোটবেলা পায়ে হেঁটে যেতো ইস্কুলে,
পায়ে নেই চটিজোড়া হাফপ্যান্ট ঝুলে!
কখনো বা খালিপেট কভু আধা ভরা,
গৃহকাজে দেয় হাত হলে লেখাপড়া!

বাবা ছিলো উদাসীন মাতা অতি চোখা!
বলতেন মন দিয়ে পড়া কর খোকা!
ধান ভাপানোর কাজ ভোররাতে শুরু,
খোকা করে পড়া শীতে কেঁপে দুরুদুরু!
হ্যারিকেন ধুয়ে মুছে নিজে করে সাফ,
ভাইবোনে মিলে খায় ডিম ভেঙে হাফ!

খাবারের বোঝা মাথে পায়ে হেঁটে হেঁটে,
নিয়ে দেয় চাষাদের মাঠে যারা খাটে!
ছিপ ফেলে ধরে মাছ স্কুল থেকে এসে,
ভাত দিয়ে ভেজে খায় মেখে ভালোবেসে !
মায়ের সে ডানহাত সব কাজে দড়,
চিন্তা যে একটাই হতে হবে বড়!

বই বিনা বুঝতো না আর কোনোকিছু,
ফার্স্টবয় হতে সদা লেগে রয় পিছু!
ছোট থেকে পড়াতেই ছিলো তার ধ্যান,
বড় হয়ে লাভ কৃষিবিজ্ঞানে জ্ঞান!
যেটা ধরে সেটা ক'রে দেখানোয় মন-
বড় কৃষিবিজ্ঞানী হলো সে এখন!

চারিদিকে আজ তার বহু নামডাক,
সত্যি সে বড় হয়ে লাগিয়েছে তাক!
মা'র কথা পেলেছে সে প্রতি অক্ষরে,
দেখালো মানুষ হয়ে অভাবের ঘরে।
অধ্যাবসায় ও উচ্চাশা মনে-
থাকলে হয় সফল, রেখো তা স্মরণে !

২১.পৌষের বেলা

শনশন কলাবন উত্তুরে বায়,
পাতাগুলি নেড়ে যেন সুখগীত গায়!

রোদ প'ড়ে দীঘিজল ঝিকিমিকি চায়,
পৌষালী শীতে যেন রৌদ্র পোহায়!

বনতলে তরুদল দোলায় শাখায়,
থেকে থেকে মাছগুলি সহসা লাফায়!
নারিকেল মেহগনি ঘেরা বনছায়
পাখিকুল মাঝে মাঝে সাড়া দিয়ে যায়!

ফিঙে নাচে খেজুরের গাছের মাথায়,
খুকি হোক- বলে পাখি লুকায় পাতায়!

ক্ষেতে চাষী রোপে ধান গুটি গুটি পায়,
ঘাটে বধূ থপথপ কাপড় থোপায়!

দূরে কোথা ডাকে ঘুঘু উদাসী গলায়,
থমথমে পরিবেশ অলস বেলায়!
কনকনে যেই শীত ভোরে সন্ধ্যায়,
লাগে পিঠে তত মিঠে যত বেলা যায়!

২২.অন্যায় অবিচার

অন্যায় আর অবিচারে
দেশটি গেলে ছেয়ে
বিধির বিধান নেমে আসে
অদৃশ্য পথ বেয়ে!

এই জীবনে হলো যারা
অত্যাচারের বলি
পুরস্কারে ভরবে তাদের
পরকালের থলি!

অন্যদিকে অত্যাচারী
পাক না যতই পার,
বসে আছেন বিচারকর্তা
হিসাব নিতে তার!

যতই রাখুক আইন কানুন
পকেটে সে পুরে-
লাটাই খানি হাতে যে তাঁর,
উড়ুক যতই দূরে!

নড়লে পড়ে একটি পাতাও,
এড়ায় না সে চোখ
তৎপর যে হিসাব নিতে,
চোখের সে পলক!

যত খুশি আস্ফালনই
করুক অত্যাচারী!
অদৃষ্টে তার প্রতিফলন
পড়বে ঠিকই ভারী !

বুঝবে সেদিন আসবে নেমে
বিধির যেদিন মার
কথায় বলে " খোদার সে মার
দুনিয়ারই বার!"

২৩.মেঘে ঢাকা কৃষ্ণচূড়া

লাল টুকটুক বসন পরে
নতুন কনের মত,
দেখতে তোমায় কৃষ্ণচূড়া
অপূর্ব যে কত!
নেইকো পাতার চিহ্ন কোন
শুধুই ফুল আর ফুল,
রূপে তোমার কৃষ্ণচূড়া
কে আর সমতুল!
সবুজ ঘাসের গালিচে পেতে
ঘোমটা খানি ঢেকে,
বধূর মত বসে আছো
আলতা সিঁদূর মেখে!
আকাশ ঢেকে কালোমেঘে
বৃষ্টি এলো ঐ,
করতে বরণ ছড়িয়ে যেন
সোহাগ ভরা খই!
আহা মরি কি সুন্দরই
ফুলের দেশের রাণী,
মেঘে ঢাকা কৃষ্ণচূড়া
টানছে নজর খানি!

২৪.মৌসুমী বায়ু

মৌসুমী বায়ু বুঝি বেগে ঝটিকায়
নিয়ে যায় মেঘমালা কোন্ তাড়নায়!

পবনের হিন্দোল বিটপ শাখায়
বনতলে মর্মরে সঙ্গীত গায় !

সাদা সাদা বকগুলি শুভ্র পাখায়
কবিতার খাতা সম ওড়ে যেন বায় !

সারি সারি নারিকেল দীঘির কানায়
করে যেন প্রার্থনা নিবিষ্টতায় !

নীলজল টলমল ঢেউয়ের দোলায়
নৃত্যের তালে তালে ধায় কিনারায়!

পাখিকুল কলরব করে তরুছায়
বিবিধাদি সুর তার ভেসে আসে তাই।

উত্তাল সমীরণ যেন মমতায়
কাছ ঘেঁষে এ আঁচল ছুঁয়ে যেতে চায় !

মেতে সবে রমনীয় এমত খেলায়
বিমুগ্ধ মন তা দেখে নিরালায়!

২৫.আত্মতুষ্টি

সোনার হরিণ মোহন সাজে
বেড়ায় যদি বনে,
লাগায় যদি চমক জাগায়
অনুরাগ ঐ মনে,
থাকুক সে নয় স্বপ্ন হয়ে
হৃদের গোপন কোণে,
হারিও নাকো পথটি তোমার
তার ঐ সন্ধানে !

আলেয়া তো এমনই হয়
যেটার আকর্ষণে
মিছেই শুধু কালাতিপাত
ভ্রান্ত আশ্বাসনে!
বৃথাই ছোটা মরীচিকার
অলীক প্রলোভনে !
হবে নতো সত্যি যা নেই
অদৃষ্ট-লিখনে!

যা পেয়েছো তৃপ্ত থাকো
আত্মতুষ্টি সনে,
নইলে হবেন রুষ্ট বিধি
সেটির বিস্মরণে!
ভেবো সেটাই উপযুক্ত
যে তাঁর মূল্যায়ণে,
মানুষ জানে কতটুকুই
সীমাবদ্ধ জ্ঞানে?

২৬.বন্ধু-গাছের গল্প

দীঘির পাড়ে নাম না জানা তিনটি ছিলো গাছ,
হাওয়ায় তারা দুলিয়ে শাখা করতো যেন নাচ!
মুগ্ধ চোখে জানালা দিয়ে তাদের পানে চেয়ে,
শুনতাম তার মনের কথা যেতো যেটি গেয়ে!
বড়ই পেতাম তৃপ্তি তাদের কীর্তিকলাপ দেখে,
বারে বারে চাইতাম তাই আমিও দূর থেকে!

মাঝে মাঝে তিনটে ছেলে গাছতলাতে এসে,
চুরি করে মাছ ধরতো ছিপটি ফেলে বসে !
একদিন এক দুপুরবেলায় মর্জি হলো কি যে,
একখানা গাছ কাটলো সেথায় বসবে বলে নিজে!
গাছের নীচে আরেকটা লোক ময়লা ক'রে জড়ো,
পোড়ায় তাদের লাগিয়ে আগুন একটা বড় সড়!

সে আঁচ লেগে ঝলসে গেলো আরকটা গাছ ক্রমে,
রইলো শুধু একটাই গাছ তিনটে থেকে কমে!
মনটা আমার সেদিন থেকে মোটেও নাই ভালো ,
সবুজ গাছের সারা শরীর রং ধরেছে কালো!
দুঃখে মনের ভাবি শুধু মানুষ কত পাপী!
অশ্রু শুধু গড়ায় চোখে মনের ব্যথা চাপি!

মাস দুই পর হঠাৎ দেখি সবুজ সবুজ পাতা-
গজিয়েছে কতক জুড়ে গাছের দেহ মাথা!
এগিয়ে এসে জানালা ঘেঁষে ভালো করে দেখি,
প্রাণ ফিরেছে পোড়া গাছে, খুশি আমার সেকি!
পাতা নেড়ে হেসে আমায় বললো যেন গাছ!
বন্ধু আমি ফিরে এলাম দেখাতে ফের নাচ!

২৭.দিব্যদর্শন

সবুজে সবুজ ভরাট বনানী
পাতায় শোভিত বীথি!
বনতল হতে ভেসে আসে শত
পাখির মধুর গীতি!

সোনালী রৌদ্র করে ঝলমল
ছড়িয়ে সোহাগ প্রীতি!
দীঘিতে উছলি করে টলমল
জলতরঙ্গ স্ফীতি!

নীলাকাশে মেঘ সাজালো ধুমল
পাহাড়ের আকৃতি!
নীচে তার যেন ধ্যানে নিমগ্ন
আঁখি নীমিলিত ক্ষিতি!

শীতল বাতাস উড়িয়ে ওড়না
আমোদে বইছে নিতি!
প্রকৃতি নিচ্ছে প্রাণভ'রে শ্বাস
উদম বক্ষ চিতি!

যেদিকে তাকাই বিরাজে নিবিড়
শান্তি ও সম্প্রীতি!
সকল সৃজনে নেহারি দয়াল--
তোমার উপস্থিতি!

২৮.ধন্য কৃষক

সারা বছর খাটিয়ে গতর
করছো কৃষক চাষ,
জুতছো লাঙল পুঁতছো ফসল
উপড়ে ফেলে ঘাস!
ভিজছো জলে সূর্যানলে
পুড়ছো বারোমাস!
এমনি করে বছর ভ'রে
জোগাও মুখের গ্রাস!

সবুজ ক্ষেতে খেলায় মেতে
দক্ষিণা বাতাস!
চারাগুলি হাওয়ায় দুলি
জানাচ্ছে উচ্ছ্বাস!
চাষীর মুখে তৃপ্তি সুখে
আনন্দ উল্লাস!
ফসল তোলা ভরার গোলা
মনের অভিলাষ!

দেশের মাটি সোনার ঘাঁটি
চাষীর সেথায় বাস,
নির্বিবাদে করছে আবাদ
স্বর্ণশস্য খাস !

ধন্য কৃষক জানাই বেশক
তোমাকে সাবাস!
বিতাও খেটে মিটাও পেটে
ক্ষুধার জ্বলন ত্রাস!

২৯.বঙ্গের বীর সিংহশাবক শহীদ ক্ষুদিরাম

বঙ্গের বীর সিংহশাবক শহীদ ক্ষুদিরাম,
স্বাধীন ভারতে উজ্জ্বল জেনো তোমার ঐ শুভনাম!
তোমার গর্বে গরবিনী মাতা বঙ্গের পুতধাম,
তোমার স্মরণে কোটি দেশবাসী জানাই শত প্রণাম!

মুক্ত করতে ভারতমায়ের পরাধীনতার গ্লানি-
ছুটে এলে লয়ে তরতাজা ঐ তরুণ জীবন খানি,
স্তব্ধ করতে ব্রিটিশ রাজের নিঠুর শাসনযন্ত্র -
গাহিলে কন্ঠে নির্ভিক ঐ আত্মাহুতির মন্ত্র!

হাসিমুখে তুমি করেছো বরণ ফাঁসীর রজ্জু গলে,
তোমার সাহসে শতেক শহীদ প্রাণ দিলো দলে দলে!
করোনিকো ঐ হিংস্র দস্যু ব্রিটিশ শাসকে ভয়,
তোমার দেখানো সংগ্রামী পথে স্বাধীনতা পেলো জয়!

রেখেছি স্মরণে আপামর জাতি তোমার ঐ বলিদান,
শতেকবর্ষ পরেও তো গাহি তোমার বিজয়-গান,
রণবীর তুমি রণধীর তুমি পরাই তোমার ও মাথে-
অসীম সাহসী সেনার মুকুট বিনম্র শ্রদ্ধাতে!

৩০.কাটায় শুধু ভাবি

সাত সকালে পাংশু মেঘে
আঁধার হলো ধরা!
সবুজ বরণ দীঘি অরণ
মনোহরণ করা!

সাদা পাখায় বক উড়ে যায়
লাগিয়ে হাওয়া পালে,
ছোট ছোট তরঙ তুলে
ধাইছে তরল খালে!

নারিকেলের তরুগুলি
দাঁড়িয়ে সারে সারে
নামিয়ে মাথা প্রার্থনাতে
মগ্ন বুঝি পাড়ে!

শনশনিয়ে বইলো বাতাস
লাগিয়ে দোলা ডালে,
এক দু'ফোটা বৃষ্টি ঝরে
মন্দ হাওয়ার তালে!

করুণ সুরে হাম্বা ডাকে
রজ্জু বাঁধা গাভী,
পাখির গানে উদাস প্রাণ এ
কাটায় শুধু ভাবি!

৩১.নারী- সৃষ্ট অলংকার

জন্ম তোমার নারীর বলে দুঃখ করো মেয়ে?
যত্নে কত গড়লো বিধি দেখলে নাতো চেয়ে!
কত নিঁখুত শিল্পকলায় গড়লো তোমার কায়া,
অঙ্গ জুড়ে লালিত্য আর হৃদয়ভরা মায়া!

পুরুষ গড়ে মৌচাক তায় ভরলে তুমি মধু,
জগ কি পরিপূর্ণ হতো পুরুষ দিয়ে শুধু?
তোমার কোলেই জন্ম নিলো সাধক যোগী নবী
জ্ঞানীগুণী যত তোমার গর্ভজাত সবই!

রেখে তাদের কীর্তিকলাপ গেছেন যারা চলে,
প্রথম যে পাঠ পেলেন তারা সেতো তোমার কোলে!
ধরায় যতই বীরপুঙ্গব করলে লালন তুমি-
তুমি বিনা বসুন্ধরা শূন্য মরুভূমি!

তোমার কোমল হাতেই গড়া ধরার এ বাহার,
যে যাই বলুক পরমপ্রিয় তুমি- বিধাতার!
সৃষ্টিতে তাঁর তুমি যেন সৃষ্ট অলংকার,
সাজিয়েছেন যা দিয়ে এই জগৎ-সংসার!

৩২.জীবনের মানচিত্র

কিছু কথা-কলি মুখে রয়ে যায়
ফোটে নাকো ফুল হয়ে,
কিছু ব্যথা-বিষ বুক থেকে নীল -
কণ্ঠেতে যায় রয়ে!

কিছু আশা হিম-কুয়াশার মত
বাতাসে বেড়ায় বয়ে,
কিছু স্বপ্নেরা নুড়ি হয়ে যায়
হতাশার স্রোতে ক্ষয়ে!

কিছু কষ্টেরা হয় অভ্যাস
ক্রমাগত সয়ে সয়ে,
কিছু রয়ে যায় জীবনের স্রোতে
পলি হয়ে সঞ্চয়ে!

কিছু আঁখিজল শিশিরের মত
হৃদিপট থাকে ছেয়ে!
কিছু আকাঙ্ক্ষা শরতের মেঘে
আকাশ বেড়ায় বেয়ে!

অতীতের কিছু সুখস্মৃতি ওঠে
মনের গহনে গেয়ে,
উচাটন মন পদ দুটি টানে
পিছনে ফিরিতে চেয়ে!

ক্লান্ত জীবন থিতু হতে চায়
সুখের পরশ পেয়ে!
কালের অদৃশ্য লাগামের টানে
আগে চলে পুনঃ ধেয়ে!

৩৩.চাই বাধাহীন উড্ডীন হতে

খোলো শৃঙ্খল পরাধীনতার
আমি স্বাধিকারকামী,
তোমার গগনে চাই বাধাহীন
উড্ডীন হতে আমি!

শক্তির তুমি আধার হে প্রভু
তুমি অন্তর্যামী,
বসিয়েছো যেই রথেতে আমায়,
দেখো নাহি যায় থামি!

অভূতপূর্ব কৌশলী তুমি
আমার জগৎস্বামী,
খানাখাদ হতে করো উদ্ধার
মহাকাশ হতে নামি।

ভেঙে দাও যত বাধাবিপত্তি
চক্রের নোংরামি,
প্রয়োজনে তুমি হয়েও সারথী
করাও অগ্রগামী।

তুমি আশ্বাস তুমিই ভরসা,
করেছো যে সংগ্রামী,
যার সাথে তুমি সেইতো বিজয়ী
কথাটি নয় অদামী!

৩৪.দায়িত্ব হয়নি শেষ

আজকে আমরা স্বাধীন জনতা
স্বাধীন আমার দেশ,
কত সংগ্রামে হয়েছে বিনাশ
পরাধীনতার ক্লেশ!

হলো বলিদান কত শত প্রাণ,
যাতনার নিঃশেষ!
তবে তো পরেছে আজ দেশমাতা
স্বাধীনতার এই বেশ!

মনে রেখো ভ্রাতা আবাল বনিতা
দায়িত্ব হয়নি শেষ,
স্কন্ধে যে আজ বিরাজে স্বরাজ
বাঁচানোর নির্দেশ!

করো দূরিভূত মনমাঝে যত
অসন্তোষের রেশ!
জনমনে হেন থাকে নাকো যেন
হিংসার বিদ্বেষ!

কারো মনে আর থাকে নাকো ভার,
চিত্তে ভাবনালেশ!
আমজনতার কল্যাণে হোক
মনের অভিনিবেশ!

৩৫.আশা

অনেক সয়েছি জীবনে
একেলা চলেছি পথ,
পড়েছে গর্তে কখনো
আবার চলেছে রথ!
রৌদ্রতপ্ত দিন,
অমাবস্যার রাত,
উঠেছে কখনো ঝড়
হয়েছে বজ্রপাত!

ঝরেছে বৃষ্টিজল
দুইটি নয়ন পাতে
দুমড়ে গিয়েছে বুক
দুঃসহ বেদনাতে!
রয়েছে চিহ্ন ক্ষতের
আজও কলিজার চাঁদে
আজও সে কষ্টস্মৃতি
নিভৃতে গোপনে কাঁদে!

পিছু ফিরে যবে চাই
ফেলে আসা পথ পানে-
কেমনে করেছি পার
জাগে বিস্ময় প্রাণে!

এখনো রয়েছে বাকি
কিছুটা চলার পথ-
সহায় থাকলে বিধি
এমনি ছুটবে রথ।

৩৬.এতটুকু ভাইরাস

এতটুকু ভাইরাস, নাম করোনা-
দাপটে কোনই তার নেই তুলনা!
নয় গোলা নয় গুলি অ্যাটম বোমা,
যুদ্ধও দেয় নাকো হেন যাতনা!

ডাক্তারে ভ্যাবাচ্যাকা গবেষকে হাঁ
সরকার হিমশিম কাঁপে দুনিয়া!
বন্ধ বাজার হাট স্কুল সিনেমা
পথঘাট আদালত করে খাঁ খাঁ !

বন্ধ বিমান চলা রুজি রচনা ,
গেলো গেলো রব দেশে আঁটা সীমানা!
পুলিশের ছয়লাপ ক'রে নিশানা-
খেয়ে লাঠি পথিকের বাড়ে বেদনা !

লুকোচুরি খেলা তার তবু থামে না,
যাকে পায় ঘাড়ে চড়ে পাজি করোনা!
মহারাজ কবিরাজ নার্স-ললনা
কেউ তার কোপ থেকে বাদ পড়ে না!

কাহিল তাবড় দেশ রুশ চায়না
ট্রাম্প মামা দেয় হামা ভুলে রটনা!
জাতপাত ভুলে সবে জোড়ে কান্না,
ছেড়ে দে মা কেঁদে বাঁচি আর সহে না!

৩৭.অপঘাত

সেই কাকভোরে, দুধের শিশুরে
ঘুমঘোর হতে তুলে,
নিয়ে চলে বাবা সঙ্গেতে তার
করতে দাখিল স্কুলে।
পথি মাঝে পড়ে চালের মিলটা ,
বস্তায় ধান ফেলে,
নিয়ে ছোটে শিবু সে ধান ভাঙাতে
ঠেলে তার সাইকেলে ।
একদিকে তার ধানের বস্তা
অন্য দিকেতে ছেলে ,
পিচরোড ধরে ছুটে চলে শিবু
অনায়াসে অবহেলে।

ঘরে মরে বৌ যন্ত্রণারোগে
পাথুরে পিত্তথলে
অপারেশনেতে অনেক খরচা
ডাক্তার গেছে বলে,
এই চাল বেচে মুদির দোকানে
হাতে কিছু টাকা এলে
বেঁচে যায় বৌ বুঝি এ যাত্রা
রোগের মুক্তি মেলে।
আছে কিছু ধার মহাজনটার
কাছে, শিবু ভেবে চলে
পরিশোধ হবে সেই ঋণটাও
চাল বেচে টাকা পেলে।

পাশ দিয়ে তার সহসা চকিতে
দ্রুতগতি লরি গেলে
ধাক্কায় দিলো সাইকেল সহ
ছিটকে শিবুরে ফেলে।
পিছনের চাকা পিষে দিলো তাকে ,
মাথা ফেটে মরে ছেলে,
শেষ পরিবার - সেই সংবাদে
বৌ দিলে মাথা রেলে।
শোকেতে আঁধার ডুবে সারা গ্রাম
তেলে ও বেগুনে জ্বলে,
অবরোধে রোড ঘিরে গ্রামবাসী
চালকে পাঠালো জেলে।

৩৮.নিজের জন্য বাঁচা

নারী বলেই চিরটাকাল বাঁচবি পরের তরে?
নিজেকে অন্ততঃ বাঁচা লাগলে আগুন ঘরে!

পরের সুগম হাঁটার লেগে পথটা করিস সাফ,
রাস্তা ঘেরে যখন সে তোর, সজোরে দে লাফ!

অন্যে বাতাস পাবে বলে পুঁতিস গাছের ডাল,
তোর জানালা বন্ধ হলে ভাঙিস ঘরের চাল!

আকাশ ছোঁবার ইচ্ছাতে কেউ কাটতে এলে হাত,
কেড়ে সে দা উল্টে তাকে করিস কুপোকাত!

গণ্ডী কেটে বন্দী তোকে করতে এলে কেউ,
পাখনা মেলে টপকে যাবি সেই গণ্ডীকেও!

অনেক হলো বাঁচা পরের জন্য এবার থাম,
নিজের জন্য বাঁচতে শেখায় লিখিয়ে নে তোর নাম!

কে বলেছে নিজের মতো বাঁচতে নারীর নেই!
সেই বেঁচেছে, উল্টো স্রোতে ঝাঁপ দিয়েছে যেই!

৩৯.অহংকারের ফানুস

মিটলো না সাধ দেশটা গোটা
পাঠিয়ে রসাতলে?
বাংলাকে চাও গিলতে এখন
বলে ও কৌশলে!

বড়ো বড়ো আওরে বুলি
মিথ্যা আশার বাত-
বোঝাতে চাও দেশের লোকে
দিনকে ব'লে রাত!

দুর্বলদের পেষো পায়ে
চওড়া করে বুক,
মানবে তারাই তোমার কথা,
ঘাসে যে দেয় মুখ!

মরলে লোকে, চতুর্দিকে
শকুন হয়ে ওড়ো,
মিথ্যা অভিযোগে শুধুই
কলসীখানা পোরো!

অসার প্রতিশ্রুতির ঠেকায়
উচ্চে ওঠো মইয়ে-
বুঝবে সেদিন হাতপা ভেঙে
পড়বে যেদিন ভুঁইয়ে!

অহংকারের ফানুস হয়ে
উড়ছো আকাশ পানে,
অপেক্ষাতে আছি, কবে
ফাটবে বিধির বাণে!

৪০.ছুটতে ছুটতে টাইম ওভার

ছুটছে দেখো ঘড়ির কাঁটা
ছুটছে দিবস ছুটছে রাত,
এইতো সকাল ঘুমিয়ে উঠি,
এইতো আবার গুটাই পাত!

ছুটছে নদী ছুটছে সময়
ছুটছে বছর ছুটছে মাস,
ছুটছো তুমি,ছুটছি আমি
ছুটতে ছুটতে নাভিশ্বাস!

সেদিন এলো নতুন বছর
রাজ্যে এলো নতুন ট্রেন্ড,
দেখতে দেখতে সময় কাবার
পড়তে পলক ইয়ার এন্ড !

ছুটছি রেসের ঘোড়ার মত
একটা করে হাডল পাস,
পড়ো যদি মুখ থুবড়ে,
কিংবা থামো, সর্বনাশ!

নাকে মুখে খাবার গুঁজে
উঠছি উপর নামছি নীচ,
নেইকো সময় পিছন ফেরার
লক্ষ্য হবার ফেমাস,রিচ !

নেইকো মনে কবে কোথায়
ফুটেছিলো ছোট্ট ফুল,
ছুটতে ছুটতে দন্তপতন
শুভ্র সফেদ মাথার চুল!

ছুটতে গিয়ে হয়নি খেয়াল
পুড়তে পুড়তে খতম তেল,
নামলো আঁধার,টাইম ওভার
ইঞ্জিন তাই করলো ফেল!

৪১.দেশভক্তি

আদৌ কি দেশভক্তি তোমার লুকিয়ে আছে বুকে?
নাকি শুধুই বড়াই করে ফিরছো তুমি মুখে!
থাকলে মনে দেশপ্রেম দশের কথা ভাবো,
দেশবাসীর ভালো হলেই দেশোন্নতি পাবো।

অনাহারী নিরন্নদের মুখে যোগাও ভাত,
সে সব তুমি তুচ্ছ করে তুলছো কেন জাত?
বেছে বেছে মানুষ চিনে টিকিট সাঁটাও পিঠে,
করছো ফিকির মারতে ভাতে আওরে বুলি মিঠে!

দেশের পুঁজি উজাড় করে ভরছো নিজের ট্যাঁকে,
মরুক জাতি পড়ুক লাথি পেটে কে আর দ্যাখে!
এতই যদি দেশের দরদ পকেট করে ফাঁকা-
দেশের গরীব কৃষক বেকার শ্রমিকে দাও টাকা।

গাড়ি ছেড়ে নগ্ন পায়ে রাস্তা ধরো সাথী,
খোঁজো কাদের কিসের অভাব যুঝে দিবস রাতি !
ঝরাও দুখে অশ্রু তাদের গড়াও শ্রমে ঘাম,
স্বার্থ ভুলে খাটলে তুমি বুঝিবো নিষ্কাম!

গোছাও শুধু নিজের আখের দশের করে ক্ষতি,
বুঝছে সবাই যতই করো কায়দা কেরামতি !
ইতিহাসে রইবে লেখা কালিতে বদনাম,
যতই বোঝাও ভুজুংভাজুং যতই ভজো রাম!

৪২.শোন ফরিয়াদ- অশ্রু হিমবাহে

ধরায় কত নিঃসন্তান ভুগছে মনস্তাপে,
অপরদিকে লিপ্ত কেহ ভ্রূণ-হত্যা পাপে!
কোন সে অপরাধে শিশুর নিস্পাপ এই প্রাণ,
কন্যা কিংবা জারজ বলে দিচ্ছে বলিদান?

আস্তাকুঁড়ে রয় যে পড়ে সদ্যোজাত শিশু,
জন্ম দিলো কে একে সে - নর নাকি পশু?
মুখটা গুঁজে উল্টে আছে অপত্যের ঐ শব!
চেয়ে দেখে স্বচক্ষেও রয়েছে নীরব!

হায়রে পাতক ! হা নরাধম! নেই কি ধর্মভয়?
জাহান্নামে ঠাঁই রে যে তোর! জানিবি নিশ্চয়!
ইচ্ছা করে কেশটি টেনে নিয়ে আসি ধ'রে,
ছুঁড়ে ফেলি আস্ত শরীর জ্বলন্ত অঙ্গারে!

অগ্রপিছু নেইকো বিচার দুষ্টকর্মে মতি,
হায়রে কলঙ্কিত মানব এতোই অধোগতি?
আনলি কেন পৃথিবীতে নির্দোষ এই প্রাণ,
নাইবা যদি দিবি তাকে স্বীকৃতি সম্মান?

জন্ম দিয়ে হত্যা করা এতই কি সে সোজা?
জানিস নাকি বইতে হবে চরম পাপের বোঝা?
সারাজীবন জ্বলতে হবে প্রজ্বলিত দাহে,
নষ্ট শিশুর শোন ফরিয়াদ - অশ্রু হিমবাহে!

৪৩.দেখবো আমিও

আসুক যতই ঝঞ্ঝা ঝটিকা
যতই লাগুক ঘা,
সুখে থাকি আমি কিংবা অসুখে
ছাড়বো না ঐ পা!

কতবার পথে নিভেছে প্রদীপ
মনে আছে সবই তা,
প্রতিবার তুমি জ্বালিয়েছ পুনঃ
আলোক বর্তিকা!

আজীবন তুমি দিয়েছো সঙ্গ
টেনে রেখে পর্দা,
যখনই চেয়েছি দিয়েছো তোমার
পূর্ণ সহায়তা!

আমিও তো সদা চেয়েছি তোমারই
স্নেহের আদ্রতা,
তোমার আশিষ,তোমার করুণা
হে আমার বিধাতা !

থাকি শত কাজে, নয় অবসরে
তোমারে তো ভুলি না,
দেখবো আমিও অবোধ এ অধমে
ভুলছো কেমনে বা!

৪৪.মালতীলতা

লতাখানি জুড়ে আছে তোরণের মাথা-
ফুলে ফুলে ঢাকা তরু দেখা নাই পাতা,
আঁকা বাঁকা শাখা সেই মালতী লতার!
লাল সাদা গোলাপিতে কি রূপ বাহার!

দোল খায় বাতাসেতে খিলখিল হেসে,
বিলায় সুরভি যেন বড় ভালোবেসে!
ফুলভারে তরু শাখা ভুঁয়েতে লুটায়,
বাহুটি বাড়ায়ে যেন কারে ছুঁতে চায়!

জোটে যত প্রজাপতি ভ্রমরের পাল,
সন্ধ্যায় সাদাফুল সকালেতে লাল!
আঁধারেতে আলোকিত বিতানের কোল,
জ্যোৎস্নায় ফোটা ফুলে ফোটে যেন বোল!

লম্বা সে বৃন্তের ডগে ঝোলে ফুল,
কভু পরি মালা গেঁথে কভু কানে দুল!
বৃন্তটি ছিঁড়ে দিয়ে ওষ্ঠের টানে
কিযে মজা সুমিষ্ট মধুখানি পানে!

মনে পড়ে কবেকার পুরনো সে কথা!
আলো ক'রে দ্বারখানি মালতীর লতা!
দেখেছি যে চেয়ে কত সে রূপের ধুম!
লতাহীন দ্বার আজ বড়ই নিঝুম!

৪৫.ব্যবহারের সৌন্দর্য্য

মানুষ তাকেই ভালোবাসে সান্নিধ্য যার-
ডেকে আনে প্রসন্নতা চিত্তে বারংবার!

মিষ্টি স্বভাব কোমলমতি সহিষ্ণু যার মন,
কিছুটা তার জন্মগত কিছুটা অর্জন।

লোকে তাকেই শ্রদ্ধা করে ভালো লাগে যার-
পারস্পরিক সম্মানবোধ নম্র ব্যবহার!

কঠোর স্বভাব রুক্ষ আচার যে জন মনে বয়,
সবাই করে অপছন্দ, দূরে সরে রয়!

ভালোবাসা নয়তো সুলভ কিনতে পাওয়া যায়,
ভালোবাসা পেতে হলে যোগ্য হওয়া চাই!

সেই তো প্রিয় সকল লোকের আনন্দ যে দেয়
ব্যবহারের সৌন্দর্য্যে ফোটা ফুলের ন্যায়!

৪৬.রুষ্ট বিধি

ধুসর কালো গভীর মেঘে ঢাকলো আকাশ সারা,
ভাদ্রমাসের নিম্নচাপে ঝরছে অঝোর ধারা।

ভাসলো সাগর ভাসলো নদী প্লাবন এলো দেশে,
ভাঙা বাঁধের নোনাজলে ভরলো জমি শেষে।

আমের বাগান কাঠের সেতু রাস্তা ধানের জমি,
তলিয়ে গেলো জলের তলায় আস্ত গোটা গ্রামই!

হাঁটুজলে হাঁটছে সবাই নৌকা চলে পথে,
মেঝেতে জল খাটের ওপর থাকছি কোন মতে।

ঘুর্ণিঝড়ে কেড়েছে ঘর কর্ম মহামারী,
চাইছি যেদিক সেদিক অভাব - মন্দা বেরোজগারী।

মরছে লোকে রোগে ভুগে মরছে ভুখা পেটে,
বাড়ছে তত দুর্ভোগ দিন যাচ্ছে যত কেটে!
ভ্রষ্ট রাজা ভ্রষ্ট প্রজা নষ্ট দেশের নীতি-
দুষ্ট লোকে দেখায় কেবল পেশীবলের ভীতি!
জগৎ নত দমন পীড়ন ধৃষ্টতার এই ভারে,
তাইকি এতো রুষ্ট বিধি বিধ্বংসিতে তারে?

৪৭.বৃষ্টিভেজা হাস্নাহেনা

বাদলদিনে আকাশ ঝেঁপে
ঝমঝমিয়ে বৃষ্টি ঝরে,
জানালা দিয়ে বৃষ্টিভেজা
হাস্নাহেনার গন্ধ ভরে!

সন্ধ্যাবেলা আঁধার ঘনায়
জুঁই চামেলি চম্পা বাগে,
গন্ধে আকুল উদাস কবির
মনের কোনায় ছন্দ জাগে!

ঝিরিঝিরি শব্দে বারি
সুর তোলে ফুলপত্র পরে,
ছন্দে তারই তাল মিলিয়ে
ডালপালা সব নৃত্য করে।

হিমেল হাওয়ায় তনুমনে
বুঝিবা কার পরশ লাগে,
শিহরণের আবেশ খেলে
লোমকূপে তার অনুরাগে!

দূরে কোথায় কুঞ্জশাখায়
কোকিল কাঁদে করুণ স্বরে,
অন্যমনে পিউপাপিয়া
গান ধরেছে সখির তরে।

গৃহবধূ সন্ধ্যা শাঁখে
ইষ্টদেবের আশীষ মাগে,
হাস্নাহেনা গন্ধ বিলায়
মেঘমল্লার গানের রাগে!

৪৮.জয় কিষাণের জয়

কিষাণ তুমি অন্নদাতা,
জয় কিষাণের জয়!
কাড়ে যারা অন্ন তোমার
তাদের করো লয়।
করছে ওরা ধ্বংস এ দেশ,
আনছে অবক্ষয়!
হাত ভেঙে দাও করছে যারা
দেশটাকে নয়ছয়!
ভিত্তিপ্রস্তর তুমিই দেশের
তোমার কিসের ভয়?
দেশবাসী সব তোমার
দিচ্ছে বরাভয়!
তোমার সঙ্গে যুদ্ধে তারা
মানবে পরাজয়!
পতন হবে অহংকারীর
জেনো তা নিশ্চয়!
নইলে যাবে গোল্লায় দেশ
এমনটা সংশয়!
থামিও নাকো এই অভিযান
থেকো অকুতোভয়!
অন্ধকার সরিয়ে দেশের
ঘটাও সূর্যোদয়!
জয়ধ্বনি উঠছে দ্যাখো
জয় কিষাণের জয়!

৪৯.ভাবতে লাগে ক্লেশ

গায়ে পায়ে জড়িয়ে পশম
ঢেকে মাথার কেশ,
বহু কষ্টে পরিত্যাগ ঐ
লেপ কম্বল খেশ!

কুয়াশাতে আকাশ ঢাকা
হিমেল হাওয়ার রেশ,
সাত সকালে শীতের আমেজ
মজাই লাগে বেশ!

খিড়কি, দুয়ার বন্ধ রেখে
সোফায় দিয়ে ঠেস,
নরম ঠোঁটে গরম চায়ে
পরম পরিবেশ!

চালের গুঁড়ার গুড়ের পিঠা
হরেক মিঠার পেশ,
হইহুল্লোড়, চড়ুইভাতির
সুখের সমাবেশ !

দিনের শেষে শ্রমে যখন
নেই বল অবশেষ ,
কি উপভোগ্য লেপের তলায়
তনুর অনুপ্রবেশ!

আর ক'টাদিন তারপরেতেই
মাঘের বুঝি শেষ,
শীতের কুটুম নেবে বিদায়
ভাবতে লাগে ক্লেশ!

৫০.দাপট

চমকে বেড়াস ধমকে বেড়াস
চেলা নিয়ে বোমকে বেড়াস,
দুদিনের এই দুনিয়াতে
কিসের এত দাপট?
উল্টে যাবি পাল্টে যাবি
সাবুর মত সাল্টে যাবি,
উদম পিঠে পড়বে যখন
উপরওয়ালার চাপট!

গর্জে উঠিস তর্জে উঠিস
হাঁকিয়ে শত ফৌজে ছুটিস,
আজ পেয়েছিস বলে কিছু
অন্ধজনের সাপোর্ট?
চুপসে যাবি তুপসে যাবি
কর্পূরেতে উবসে যাবি,
জনরোষের জনমতের
পড়বে যখন ঝাপট!

লাফিয়ে মরিস দাপিয়ে মরিস
দুনিয়াটাকে কাঁপিয়ে লড়িস
দুষ্টুমতি পুঁজিপতির
সঙ্গে করে রাপোর্ট!
বুঝবি তখন যুঝবি তখন
পায়ের মাটি খুঁজবি যখন,
জয়ধ্বনি মিলিয়ে কখন
শুনবি কানে- যা ফোট!

৫১.ভাঙলো আমার ভুল

মনে পড়ে --
গার্লস স্কুলের গন্ডী পেরিয়ে
প্রথম সে পা রাখা
কো-এডুকেশন কলেজ প্রাঙ্গনে,
দুরু দুরু বুকে ক্লাসে ঢোকা
আর গোপনে
এদিক ওদিক চাওয়া
অজানা পরিবেশের
নতুন সে অঙ্গনে!

জানিস গঙ্গোত্রী!
প্রথম ক্লাসের সেদিনে
ছেলেদের মধ্যে
শুধু তোর দিকেই আমার
আটকে ছিলো চোখ!
কারণ, তোর সঙ্গে কিনা
ভীষণ সাদৃশ্য একজনের,
যে ছিলো ---
আমার বেশ প্রিয়,
যখন ছিলো বালক!

কি জানি কী সেই মোহ
পেয়ে বসেছিলো চোখে,
পিছনের বেঞ্চের দিকে
ঘাড় ঘুরিয়ে, অন্য সবাইকে ছেড়ে

মাঝে মাঝেই দেখতাম
শুধুমাত্র তোকে।

আর দেখতাম তোর পুঁইশাকের মত
চিকন লতানো চুল!
কিন্তু যেদিন দেখলাম
ঢোকার সময় ক্লাসে-
চোখ তুলে চাইলি তুই
আমারই পাশে বসা
সুদেষ্ণার দিকে,
বিষন্নতায় ছাইলো যেন মন
দমে গেলাম -কিছুটা কিছুক্ষণ।
জানিস গঙ্গোত্রী--
সেদিনই প্রথম
ভাঙলো আমার ভুল!

৫২.আগুন নিজের ঘরে

ভেবেছিলাম বেছে বেছে মারবো দেশের লোক,
এখন দেখি নিজের ঘরেই মহামারীর শোক!

ভেবেছিলাম অমর আমি বাঁচবো চিরকাল,
এখন দেখি যখন তখন ডাকছে আমায় কাল!

ভেবেছিলাম তাদের মরণ বুঝি আমার হাতেই,
এখন দেখি মরছি আমি শত্রুগুলোর সাথেই!

ভেবেছিলাম বিরাট আমি ভগবানের দোস্ত!
এখন দেখি উল্টে তিনিই আমায় রাখেন ত্রস্ত!

দুশ্চিন্তায় লোকের চোখে উড়িয়েছিলাম ঘুম,
হঠাৎ একি নিজের ঘরেই দুশ্চিন্তার ধুম!

কে আর সেটা জানতো আগুন দিলে পরের ঘরে?
অবশেষে সেই আগুনই ধরে নিজের ঘরে !

৫৩.আমি কৃতজ্ঞ পেয়ে এ জীবন

শতশত কোটি বৎসর ধরে
ছিলো পৃথিবীর ভূমি,
করেছো সৃজন কত প্রাণে শুধু-
গড়োনি আমায় তুমি!
ছিলো এ আকাশ, ছিলো এ বাতাস
জলধি দিবস যামি,
চন্দ্রসূর্য গ্রহতারা ছিলো,
শুধু ছিলাম না আমি।

যদি না সৃজিতে আমায় হে প্রভু,
কি এমন ক্ষতি হত?
শুধু এ আমার ক্ষুদ্র সত্তা
বঞ্চিত রয়ে যেতো!
দেখা হতো নাকো তোমার সৃষ্টি,
মনোহর তার রূপ,
কত সে বিশাল কত না বিবিধ
কত রঙে অপরূপ!

মত গরীয়ান কত মহীয়ান
দয়াবান তুমি প্রভু,
যদি না জন্ম দিতে এ ধরায়
জানতে পেতাম কভু?
দিগন্তব্যাপি ঘন নীলাকাশ
ভাসে তাতে মেঘমালা,
সবুজশ্যামল লক্ষ পাতায়
শতশত গাছপালা!

বছর জুড়িয়া ষড়ঋতু করে
নিয়মিত যাতায়াত,
হাজার রকম শস্যসবজি
রকমারী তার স্বাদ।
কত মনোহারী ফলেফুলে ধরা
ভ'রে রয় বারোমাস!
কত প্রকারের জীবকুল হেথা
করে সুখে বসবাস!

কত নদীনালা পাহাড় বনানী
ঘিরে রয় চারিধার,
কত গ্রহরাজি চন্দ্রসূর্য
আকাশের সম্ভার !
সবই রয়ে যাবে চলে যাবো শুধু -
আমি এ জগৎ ছাড়ি,
আসবে আবার কত নবজাত,
কত নর কত নারী!

কত আপনার কত পরিজন
কত যে বন্ধুচয়,
অবাক কাণ্ড যাবার বেলায়
তবু কেউ কারো নয়!
একে একে সবে হয়ে যায় গত
সময়ের ঘড়ি ধ'রে,
তবু এ পৃথিবী সদা অক্ষত
তেমনই রইবে পড়ে!

কতজন এলো কতজন গেলো
কার কিবা আসে যায়?

যারা এলো ভবে তারাই ধন্য
তোমার এই করুণায়।
আমি কৃতজ্ঞ পেয়ে এ জীবন,
হে আমার দয়াময়!
করলাম তাই পঞ্চেন্দ্রিয়ে
তোমার এ বিশ্বে জয়!

৫৪.দুদিনের খেলাঘরে

এসে গেছে ডাক যার এ
যেতে দিতে হয় তারে
না --চাইলেও মন!
নাই আর অধিকার
ছিলো কাল যে আমার
--বড়ই আপন!
এতদিন ছিলো সে গো
পোষমানা মায়ামৃগ,
ঠুনকো বাঁধন!
এসেছিলো কেরায় এ তো
আসলেতে ছিলো সে তো
বিধাতারই ধন।

ঘরখানি ছিলো ভরা
স্নেহ প্রীতি প্রেমে গড়া
শোভে যে রতন-
নিজ ভেবে রেখেছিরে
মনের গহনে পুরে
করিয়া যতন!
উড়ে গেছে সেই পাখি
করি যত ডাকাডাকি
মেলে না নয়ন,
দীর্ঘ শ্বাস ফেলে
নয়নের জল ফেলে
স্মৃতিটি বয়ন!

এসেছিনু খালি হাতে,
হবে একা ফিরে যেতে-
থাকে কি স্মরণ?
চলি বসে বালুচরে
অবিরত ঘর গড়ে
শুধু-- অকারণ!
রবে সব খালি পড়ে
যতই সাজাই তারে
মনের মতন!
দুদিনের খেলাঘরে
ফেলে হবে যেতে ফিরে
এলেই শমন!

৫৫.জাহান ভরা খুশি

পুচকে তোমার মিচকে হাসি
এতোই কেন মিঠে?
ঠিক যেন তা ক্ষীরের পায়েস
নলেন গুড়ের পিঠে!
কচি কচি হাত পা নেড়ে
অস্পষ্ট কথা,
দেখলে জুড়ায় দুইটি নয়ন
ভোলায় মনের ব্যথা!
মুখের ভিতর ঢুকিয়ে মুঠো
আঙুল দুটি চুষি,
পিটপিটিয়ে তাকাও নিয়ে
জাহান ভরা খুশি!
ইচ্ছে করে তুলতুলে ঐ
গালটা ধরে নাড়ি,
খ্যাঁদা নাকে টান দি, যদি
বাড়িয়ে দিতে পারি!
আদর ক'রে সোহাগ ভ'রে
কাটাই সারাদিনই,
কোলে তুলে সকল ভুলে
নাচি তা ধিনধিনই!

৫৬.হিরক রাজার ধর্ম

সকল সময় ফন্দীফিকির
কুটিল ষড়যন্ত্র!
ভাবছো তোমায় উৎরে দেবে
সর্বদা এই মন্ত্র?
বারে বারে ঠকবে লোকে
এতই কিসে গণ্ড?
গিলবে সদাই সারশূন্য
প্রতিশ্রুতির মণ্ড!

ছলে বলে প্রকৌশলে
হটিয়ে প্রতিপক্ষ
চেয়ার দখল করাই যেন
তোমার মহালক্ষ্য!
সুশাসনের নেইকো বালাই
নেইকো নীতি সাম্য!
কল্যাণ আমজনগণের
নয়কো তোমার কাম্য!
গরীব প্রজার রক্ত চুষে
ভরাও ধনীর অন্ত্র!
হচ্ছে দেখে মাথাটি হেঁট
কুশাসনের তন্ত্র!
দেশের ভাঁড়ার লোটাই যেন
হিরকরাজার ধর্ম,
বাঘাগুপিই ঘুচিয়ে দেবে
সকল অপকর্ম!

৫৭.এসেছে ফাগুন

এসেছে ফাগুন লেগেছে আগুন
পল্লীর বনে বনে,
কিরণ রবির ছড়ালো আবির
আকাশের কোণে কোণে।

শিমূল পলাশ হাসিছে সলাজ
ভ্রমরের গুঞ্জনে,
কোকিল শাখায় কুহু কুহু গায়
প্রিয়া মান ভঞ্জনে!

আমের মুকুল কাননে বকুল
হিল্লোলে সমীরণে,
দখিনা বাতাস ছড়িয়ে সুবাস
জড়ায় আলিঙ্গনে!

সাজো সাজো রব বনতলে সব
বসন্ত আগমনে!
বিটপের দল আমোদে উছল
সুরভিত কাঞ্চনে!

ঝরঝর ঝরে পাতা তরুবরে
মর্মরে শনশনে!
ফাল্গুনী সুর বাজে সুমধুর
আবেশিত কবিমনে!

৫৮.বের হয়ে আয় পথের পানে

ঘরের কোণে মুখ লুকিয়ে
আর কতকাল রইবি বসে,
বের হয়ে আয় পথের পানে-
জগৎটাকে দেখ না চষে!

হাঁটছে কত খাটছে কত,
লড়ছে কত জীবণরণে,
লুটিয়ে পথে ছুটিয়ে রথে
বাজি ধ'রে মরণপণে!

উতরে চড়াই করবি লড়াই
বাঁচবি বাঁচার অর্থ খুঁজে!
নিজের প্রাপ্য করবি আদায়
চুকিয়ে সকল হিসাব বুঝে।

সাফল্যটা নয়তো মোটেই
খোকার হাতের মুড়কি মোয়া,
আকাশ পানে হাত বাড়ালে
তবেই যাবে চাঁদকে ছোঁয়া!

বাহির পানে চোখ মেলে চা
থাকিসনে আর চক্ষু মুদে,
সত্তাধিকার ছিনিয়ে নিতে
হয় যে হতে বান্দা দুঁদে!

৫৯.যুগের হাওয়া

ন্যায় সততা সত্যনিষ্ঠা?
ও সব কথা থাক!
সবাই এখন পেটায় জেনো
ধাপ্পাবাজির ঢাক!
মিথ্যাকথন অপপ্রচার
লাগায় শুধু তাক!
নীতিকথা সত্যবুলি?
যাক্ গে চুলোয় যাক!

অসাধু লোক সাধুর বেশে
বাড়াচ্ছে হাঁকডাক!
তারাই সেজে কলুর বলদ
করছে ঘানি ফাঁক!
লুটেপুটে খাচ্ছে সবই
ভরছে নিজের চাক!
অগ্নিমূল্য পণ্যদ্রব্য
ভীষণ দুর্বিপাক!

নিউজচ্যানেল টাকা খেয়ে
ভুলছে নিজের তাক!
পক্ষপাতের তবলা বাজায়
টাক ডুমাডুম টাক!
নুন খেয়ে তার গুণ গেয়ে কয়-
চক্ষু ঢেকে রাখ,
চোরাই মাছ পড়লে চোখে
লুকাস দিয়ে শাক!
সর্বত্র যথেচ্ছাচার
জনতা নির্বাক!

বলতে গেলেই চড়বে শূলে
পড়বে কাটা নাক!
চলুক দেশে মগের মুলুক
জ্বলুক হয়ে খাক!
এটাই এখন যুগের হাওয়া-
গাইছে দেশের কাক!

৬০.কি ক'রে করবো অস্বীকার

কত শতরূপে এ ভুবন ভরা সকলই তোমার দান,
কি করে করবো অস্বীকার হে মহিম হে মহান?

এতো শোভা দিলে ফুলের গঠনে এতো সুমধুর ঘ্রাণ,
রকমারী ফলে রকমারী স্বাদ করেছো তুমি প্রদান!

এতো রকমের শস্যসব্জী আহার্য্য অফুরান!
গুণে গুণে শেষ হয় না তোমার করুণার পরিমাণ।

কত শত রূপে এ ভুবন ভরা সকলই তোমার দান,
কি করে করবো অস্বীকার হে মহিম হে মহান?

এতো সুন্দর পশুর শাবক মনুষ্য সন্তান,
সৌষ্ঠব প্রতি সৃজনে তোমার দেখে হই হয়রান !

কত না বিবিধ কলেবরে গড়া পাখি ও তাদের গান,
যত দেখি চেয়ে হই অভিভূত বিস্ময়াবনত প্রাণ!

কত শত রূপে এ ভুবন ভরা সকলই তোমার দান,
কি করে করবো অস্বীকার হে মহিম হে মহান?

সৃষ্টি করেই হওনি ক্ষান্ত দয়াল মমতাবান,
দিলে প্রশিক্ষণ জীবন ধারণে দিলে প্রযুক্তি জ্ঞান।
মৌমাছি গড়ে মৌচাক বনে মোম ক'রে সন্ধান,
শেখালে বাবুইয়ে বুনিবারে বাসা নরে গৃহনির্মাণ!

কত শতরূপে এ ভুবন ভরা সকলই তোমার দান,
কি করে করবো অস্বীকার হে মহিম হে মহান?

রেশমের মথ বানায় পিউপা খুঁজে নিরাপদ স্থান,
মানুষ তা হতে কৌশলে করে বসনের সংস্থান!

এতো সুনিপুণ সুদক্ষতায় সৃজিলে প্রতিটা জান,
কত বিচক্ষণ স্রষ্টা তুমি যে অসাধ্য এ প্রণিধান !

কত শতরূপে এ ভুবন ভরা সকলই তোমার দান,
কি করে করবো অস্বীকার হে মহিম হে মহান?

৬১.সবুজ স্বপন

জানি না কী জাদুর ছোঁয়ায়
কুঞ্জছায়া বনে-
জেগেছিলো সবুজ স্বপন
ঝরাপাতার মনে !
অনুভূত হয়েছিলো
ফাগুনবেলার গান,
সন্ধ্যা ভোরে পাখির কূজন
জুড়িয়েছিলো প্রাণ!
ভেসেছিলো চোখে হাজার
রঙবেরঙের ফুল,
ভ'রেছিলো আনন্দাশ্রু
আঁখির দুটি কূল!
লেগেছিলো দখিন হাওয়া
বুঝি সে তার গায়,
জেগেছিলো মুখের কোনায়
চাঁদের হাসি হায়!
না জানি সে কোন পাগলা
বৈরাগীর এক সুর-
মাতিয়ে ছিলো মৃত পরান
গীতে সুমধুর!
তাই বুঝি সে ঝরাপাতা
আবার উঠে বেঁচে-
উড়েছিলো এদিক সেদিক
ঘূর্ণিহাওয়ায় নেচে!
এমনি করে শুকনো পাতায়
জীবন দিলো যে,
ফিরে যেন বারে বারে
আবার আসে সে!

৬২.ভূস্বর্গ

ভূস্বর্গের এই দেশ
নেইকো রূপের শেষ,
চেয়ে চেয়ে মন ভরে যায়
দেখতে লাগে বেশ!
নিঝুম নিশ্চল
নেইকো কোলাহল,
নীচে তারই ঝাউ পাইনের
সবুজ বনতল!

সতেজ সমুজ্জ্বল ,
আনন্দে উচ্ছল,
পাহাড় কোলে রঙবেরঙের
টিউলিপের দল!
উচ্চ হিমাচল,
শুভ্র সুশীতল,
রৌদ্রছটায় তুষার চূড়া
করছে ঝলমল।

সুনীল সুনির্মল
করছে টলমল,
উঁচু উঁচু পাহাড় ঘেরা
মধ্যিখানে জল।
শান্ত হ্রদের গায়
শিকারাটি বায়,
ইচ্ছে করে সারাটাদিন
এমনি কেটে যায়!

৬৩.অসহিষ্ণু

অন্য ধর্মের লোক দেখলে আসছে বুঝি জ্বর?
লাগছে জ্বলন হচ্ছে দহন? মরণ! পুড়ে মর!

একলা যদি থাকবি তবে আসলি কেন ভবে?
ভেবেছিলি পৃথিবীটা গোটাই তোরই হবে!

যা না ম'রে দিয়ে দড়ি কিংবা হয়ে খাক্,
আকাশে তো অনেক গ্রহ একটা জুড়ে থাক!

থাকবি যদি এই দুনিয়ায় থাকতে হবে মিশে,
আছে কতই গরু ছাগল হিংসা তোরই কিসে?

তোকেই পসন্দ বিশ্বপিতার এমন ভাবিস কি?
সবার স্রষ্টা একজনই তো জানিস নাকি? ছিঃ!

অন্যজনের বাতাস লেগে জ্বলছে যদি গা,
কিংবা পড়ছে ফোস্কা তবে অন্ধ হয়ে যা!

পড়বে নাকো চোখে কিছু জ্বলবে নাকো ত্বক,
জাহান্নামে যা নাহলে বলছি কথা হক!

ধর্মকথা শুনাস প'রে ধ্বজাধারীর ভেক,
ধর্ম শেখায় সহিষ্ণুতা সেটাই আগে শেখ!

৬৪.বর্গি আবার ফিরে এলো

অপ্রিয় যে সত্য সেতো তিক্ত বড় হয়,
তাইতো প্রতিবাদ দেখলে রাজার লাগে ভয়!
চারিদিকে বসায় সেনা টিপতে গলা তার,
সত্যি কথা বলতে কন্ঠ গর্জে ওঠে যার!

কাউকে দেখায় রক্তচক্ষু কাউকে লাগায় ফাঁস,
কারো পিছে দেয় লেলিয়ে রাজ এজেন্সির দাস!
কাউকে কেনে টাকা দিয়ে কাউকে করে ব্লক,
কাউকে পদের লোভ দেখিয়ে কাউকে দিয়ে শক্!

ঝুড়ি ঝুড়ি মিথ্যা ভাষণ ঠোঁটের ডগায় ঝরে,
চুপি চুপি পরিয়ে টুপি সিংহাসনে চড়ে,
গরীব দুখীর বন্ধু সেজে রাজ্য করে জয়!
প্রতিশ্রুতি ভুলে ধনীর জিম্মাদার হয়!

মগের মুলুক ঠগের মুলুক কোথায় যে এর শেষ!
বর্গি আবার ফিরে এলো করতে দখল দেশ!
সাপের মতো পেঁচিয়ে ধরে বাঁচার উপায় কী ?
পরমেশ্বর রক্ষা করো পায়ে ধরেছি !

৬৫.মিষ্টি মধুর অঘ্রাণের শীত

মিঠে মিঠে হিমের পরশ অঘ্রাণের এই শীতে-
জাগায় পুলক প্রাণের কোণে লাগায় দোলা চিতে!
কুয়াশার ঐ ওড়না গায়ে জাগছে ধরা ভোরে,
সকাল বেলায় অরুণ সাজে রাঙাবসন প'রে!

রঙবেরঙের পোশাক গায়ে মেঘবালিকার দল-
ক্ষণে ক্ষণে ভোলবদলের আনন্দে উচ্ছল!
রবির কিরণ লাগায় চমক শিশির ভেজা ঘাসে,
দীঘির জলে ঝলমলিয়ে ঝিলিক দিয়ে হাসে!

আলিস ভ'রে আড়মোড়াতে সরিয়ে মেঘের লেপ-
সাবধানেতে শীতের রাণী ফেলছে পদক্ষেপ!
আকাশ জাগে বাতাস জাগে জাগে পাখির ঝাঁক!
ফুলগুলি সব পাপড়ি মেলে ঘোমটা ক'রে ফাঁক!

শীতল হাওয়া লাগায় কাঁপন গাছের পাতার গায়,
শাখার আগায় মুকুলগুলি পিটপিটিয়ে চায়!
পানকৌড়ির ডুব সাঁতারে নাইকো আজি মন,
বিদ্যুতের ঐ তারে বসে ঝিমায় সারাক্ষণ!

বকগুলি সব মগ্ন ধ্যানে দীঘির চরে বসে,
ডাহুকগুলি তারস্বরে গান ধরেছে কষে!
মাছরাঙারা এদিক সেদিক করছে ওড়াউড়ি!
শালিকগুলি ভেজাঘাসে করছে ঘোরাঘুরি!

বাড়লে বেলা সূর্যমামা বাড়ায় আলোর তেজ,
প্রাণ ফিরে যায় সকল জীবের ছিলো যা নিস্তেজ!
সন্ধ্যা হলে আবার হিমের পরশ লাগে বায়!
সূর্য ঢেকে মেঘের চাদর ঘুমের দেশে যায়!

মিষ্টি বড়ই বড়ই মধুর অঘ্রাণের এই শীত-
ইচ্ছা করে পরান খুলে কন্ঠে জুড়ি গীত!
নয় তীক্ষ্ণ নয় তীব্র মন্দ-মেদুর বেশ,
ভাবটা মনের কক্ষনো এর -- যায় না যেন রেশ!

৬৬.শিখিয়ে গেলো মহামারী

বছর ভর এই মহামারী করলো তাড়া পিছু-
সবটা ছিলো ফালতু নাকি শিখিয়ে গেলো কিছু?

শিখিয়ে গেলো - মিথ্যা লড়াই করছি সবাই মিলে,
শত্রু ভেবে অপর জনে - মরছি তিলে তিলে!

করছি ষড়যন্ত্র শুধুই - আয়ু করে ক্ষয়,
বাঁচবো ক'দিন এই নিয়ে নেই - কারোর মনে ভয়!

দেখিয়ে গেলো - মারতে শত্রু যতই রচি ছল,
করতে বিনাশ - বিধির জানা অনন্য কৌশল!

মিথ্যা করি হানাহানি পোষণ করি দ্বেষ!
দুদিনের এ জীবন রে ভাই বুজলে আঁখি শেষ!

বুঝিয়ে গেলো মহামারী বাঁচবি য'টা দিন-
শান্তিরে কর লালন পালন ওরে অর্বাচীন!

দিলেন প্রভু মানবজন্ম মহামূল্যবান,
জনহিতে জনসেবায় কর এই জীবন দান।

জানি না কার আসবে কখন শেষ যাত্রার ডাক,
কেন এতো অহং তবে কিসের বাজাই ঢাক?
যাবার বেলা সঙ্গ দিতে কেউ রবে না হায়,
গাড়ি বাড়ি টাকাকড়ি রইবে পড়ে ঠায় !

অমর হয়ে আসে না কেউ সবাই চলে যায়,
থাকে না আর কোনো কিছুই থাকে সুনামটাই!

তাইতো বলি আয় নারে ভাই বিভেদ ভুলে রই,
কিসে হবে সবার ভালো- সেই কথাটি কই!

পরের সুখে হাসি দুঃখে বাড়িয়ে দিই হাত,
কিসের এতো ঝগড়াবিবাদ? মানুষ তো- এক জাত!

৬৭.লাভ কি হলো

মা বল্লেন পড়তে বসো,
বাবার ভালো রেজাল্ট চাই,
নাইনটি পার্সেন্ট মার্কস তুলেছো
এবার যেন দেখতে পাই!

নাকে মুখে কানে গুঁজে
আমিও বসে পড়ছি তাই!
সকাল বিকাল কোচিং চলে
খেলাধুলোর সময় নাই।

পড়তে পড়তে লড়তে লড়তে
নাভিশ্বাস উঠছে ভাই,
অবসরের একটা সাথী
আছে শুধু মোবাইলটাই!

অনেক ঘষ্টে কষ্টেসৃষ্টে
করলাম পাশ পরীক্ষায়,
শুরু হলো ছোটাছুটি
কাজের খোঁজে দুবেলাই।

পড়ছি কেতা ধরছি নেতা
দিচ্ছি ঘুষ চাচ্ছে যাই,
চাঁটছি পা খয়ের খাঁ
হচ্ছি যদি পাত্তা পাই!

আশায় আশে বারো মাসে
রই শবরীর প্রতীক্ষায়,
এই বুঝিবা ফিরলো সুদিন
বেকার নাম ঘুচলো বা-ই !

বছর বছর করছে পাশ
লক্ষ শত স্টুডেন্টরাই,
হাজার হাজার বাড়ছে বেকার
কিন্তু দেশে চাকরি নাই!

বইলো সময় ক্ষয়লো জুতো
পাক ধরলো চুলেও হায়!
এতো পড়ে লাভ কি হলো?
জুটলো নাতো----চাকরিটাই!

৬৮.শুভ বড়দিন

ফার কোটে চোঙ হ্যাটে হোয়াইট এন্ড ক্লিন
সেজে গুজে চেপে স্লেজে এলো বড়দিন!

ক্রীশমাস ট্রিতে জ্বলে টুনিবাল্ব গ্রীন,
সাজে চার্চ ঝলমলে সিটি স্ট্রীট ইন্!

নাচে বুড়ো নাচে শিশু যুবা তা-তা ধিন!
ভরা শীতে কফি কেকে জমে গেলো সীন!

হোয়াটস অ্যাপ ফেসবুকে নানা ডিজাইন
মেরি হ্যাপি গুড উইশে ভরে গেলো স্ক্রীন!

বছরের শেষে এসে এই শুভদিন
মনটাকে ভরে দিলো স্বপ্নে রঙিন!

ছেঁড়া খোঁড়া যত স্মৃতি শোকে সমলিন
ভুলে বাঁধি নবসুরে জীবনের বীণ!

৬৯.পদ্য লেখার বাই

মনের ভিতর ধাই কুর কুর বাদ্যি বেজেছে,
মাথায় যে আজ পদ্য লেখার ছন্দ চেপেছে!
প্রাণটা ওড়ে ঘুড়ির মতন লাটাই হাতে নি,
যেদিক খুশি সেদিক উড়ুক লাগাম ছেড়ে দি!
হাতির মাথায় ব্যাঙের নাচন ছাতির তলায় সাপ,
তাই না দেখে ব্যাঙ বাবাজী মস্ত দিলো লাফ!
চাঁদ উঠেছে ফুল ফুটেছে উঠলো খুকুর বাই,
চাঁদনী রাতে বৃক্ষে চড়ে কদম তোলা চাই!
আতা গাছে তোতা পাখি ধরে বেসুর গান,
তাইরে নানা- গানের চোটে বধির হলো কান !
তাঁতীর বাড়ি ছুঁচোর বাসা কিচিরমিচির ডাক,
দিবস নাই রাত্রি নাই তাঁতী ডাকায় নাক!
খোকা যাবে শ্বশুরবাড়ি সঙ্গে যাবে কে?
ঘরে আছে ভোলা কুকুর টিকিট কেটে দে !
খুকু গেলো জল আনতে পদ্মদীঘির ঘাটে,
কলসী ফেলে ভর দুপুরে উল্টো সাঁতার কাটে!
লাল ঝুঁটি কাকাতুয়ার মস্ত দেমাক ভাই,
আয়না দেখে সেজেগুজে মডেলিং এ যায়!
যাক না চুলোয় তোর তাতে কী,জাহান্নামে যাক!
বকিস নে আর আবোল তাবোল কলম তুলে রাখ!

৭০.বিধির বিধায়

এক যে ছিলো কাদার তাল
দুঃখ শোকে বেসামাল,
যখন তখন আসলে ঝড়
গড়াতো যে ভূমের পর!
নীরব চোখে অশ্রুজল,
ভিজায় বালিশ কাঁথার তল!
হৃদয় জুড়ে দহন তাপ,
সন্ধ্যা সকাল উঠতো ভাপ!
দেখতে দেখতে কাটলো পল
বইলো গাঙে অনেক জল।
ছেড়ে দিয়ে অন্ধকূপ,
বদল হলো কাদার রূপ।
পুড়ে ইঁটের সকল ঘা-ই
হয়েছে আজ ঝামার চাঁই,
আঘাত পেলে ভাঙে না
আঘাত দিলে লাগে ঘা!
এমনি করেই বদলে যায়
দিন অদিনের ভাগ্য তাই!
ভাবিসনেকো তিলকে তাল,
ঘুচবে সকল অন্ধকাল,
রাত ফুরালে সূর্যোদয়,
আসবে শেষে যুদ্ধজয়।
ধৈর্য্য ধরে থাক অবোধ,
বিধির বিধায় মাশুল শোধ!

৭১.লেখচিত্র

সবুজ কাঁথা মুড়ে
আকাশখানি ফুঁড়ে,
ঘুমিয়ে আছে বিশাল পাহাড়
যোজন খানিক দূরে!

মেঘের ভেলা ভাসে
শরৎ নীলাকাশে,
মেঘের ফাঁকে প্রভাত রবি
লুকিয়ে মুখ হাসে!

নীচে বিশাল নদী
দিগন্ত অবধি,
শুয়ে যেন অলস দেহে
জুড়ে ঘাসের গদি!

প্রশস্ত তার বুকে
আকাশ খানি ঝুঁকে,
দেখে যেন বিম্ব নিজের
তৃপ্তি ভরা সুখে!

পাড়ে বাঁধা দড়ি
অপেক্ষাতে তরী
যাত্রী নিয়ে বাইবে কখন
স্রোতের উজান ভরি!

গাছেতে দোল খাওয়া
মিষ্টি মধুর হাওয়া,
চু কিতকিত খেলে যেন
করছে আসা যাওয়া!

সকল অনুভবি
কল্পনাতে কবি,
কালির আঁচড় বুলিয়ে আঁকে
রঙবেরঙের ছবি!

৭২.শোকের ছায়া

একটি ছিলো শান্ত দীঘি সবুজ কানন ঘেরা,
মাছরাঙা পানকৌড়ি ডাহুক করতো ঘোরাফেরা!
নীলাদ্রি মেঘ ফেলতো সেথায় নীলাভ তার ছায়া,
সকাল সাঁঝে ভাসতো হেথায় সূর্য চাঁদের কায়া!

মেঘলা দিনে উঠতো যখন দারুণ ঝোড়ো হাওয়া,
ছলাত ছলাত করে ঢেউয়ে করতো সুখে ধাওয়া!
অস্তরবি পড়তো ঢলে যখন সাঁঝেরবেলা,
মাছের ঝাঁকে টাবুং টুবুং করতো মহাখেলা!

একদিন খুব ভোরেরবেলা বিশাল জাল এক ফেলে-
সবক'টি মাছ ধরে নিয়ে পালিয়ে গেলো জেলে!
সকালবেলা উঠে দেখি শান্ত দীঘির জল!
নিস্তব্ধ চারিদিকে- নেইকো কোলাহল!

মাছরাঙ্গারা গাছের উপর রইলো বসে চুপ!
পানকৌড়ি দুঃখে মনের দিচ্ছে না আজ ডুব!
গাছের ডালে পাখিরা সব গাইছে নাকো গান!
বকগুলি সব চরে বসে, যেন উদাস প্রাণ!

দীঘির বুকে মাছের ঝাঁকে করছে না আজ ভিড়,
করছে না তাই ওঠানামা,ভীষণরকম স্থির!
ভারি বাতাস, ঢেউগুলি সব করছে টলোটল-
শোকের ছায়ায় যেন দীঘির চোখটি ছলোছল!

৭৩.সহনশীলতা

সংসার এক চিড়িয়া খানা
হরেক লোকের ঠাঁই,
রকম সকম দেখলে তাদের
বেবাক বনে যাই!

হরেক তাদের কায়দা আদব
হরেক তাদের বাই,
তাদের নিয়ে বাঁচতে গেলে
সহন শেখা চাই!

কারো বাতিক ডাইনে চলা
কারো পসন্দ বাঁ-ই!
কারো আবার দৌড়ে চলা,
কারো চলন নাই!
কেউবা চলে হামা টেনে
ডিগবাজি কেউ খায়,
চলতে চলতে হোঁচট খাওয়া
কারোর স্বভাবটাই!

তাদের সবার সঙ্গে চলা
সে যে ভীষণ দায়,
সহনশীল হলেই কেবল
রক্ষে পাবে ভাই!

৭৪.অজ্ঞাত মোহ

জানি কেউ কোনদিন করবে না খোঁজ!
তবু খুলে ডাকবাক্স দেখা চাই রোজ!

জানি কেউ কোনদিনও করে নাকো মনে,
তবু কেন কৌতূহল জাগে অকারণে!

জানি এ জীবন নয় কারো কাছে দামী,
তবু কে কী ভাবে চাই জানতে কেন আমি?

ভাবি মনে কেন মিছে জাগি শুধু রাত!
করি কেন আশা ধুয়ে ফেলি নাকো হাত?

কেন মিছে রচনা এ স্বপ্নের জাল!
বোঝে মন তবু কেন এত বেসামাল?

কি জানি সে জাল বুনে আছে কী সে সুখ,
নিরাশান্বিত হতে রই উন্মুখ!

কেন হতে আশাহত এতো আগ্রহ?
আছে বুঝি বেদনারও ' অজ্ঞাত মোহ' !

৭৫.সংসার

এইতো সেদিন ফুটলো ফুল
চারিদিকে হুলুস্থুল!
সাজো সাজো উঠলো রব
হুড়মুড়িয়ে পড়লো সব!
জ্বালাও উনান নামাও হাড়ি,
কন্যা গেলো শ্বশুরবাড়ি!
বাজাও সানাই বাজাও ঢোল-
পূর্ণ হলো শূন্য কোল!
ঠোকাঠুকি থালাবাটি,
যাত্রা আসর জমজমাটি!
জুটায় যত ফুরায় দম।
থোরা খুশি থোরা গম!
করা শুধু ঘর আর বার,
নেচে কুদে হওয়াই সার।
দেখতে দেখতে পাকলো চুল!
কানায় কানায় ভরলো কূল।
দেওয়া কিছু নেওয়াও ধার,
এরই নাম তো সংসার!

৭৬.সৌন্দর্য্য ব্যবহারে

সৌন্দর্য্য দেহের যে তা স্থায়ী ক্ষণকাল
ব্যবহারের সৌন্দর্য্যের প্রভাব চিরকাল!

রূপের উপর হাত নেই তা বিধিপ্রদত্ত
সচেষ্টতায় সু-ব্যবহার করিস আয়ত্ত!

টাকা দিয়ে যায় তো কেবল আনুগত্য কেনা,
মিটতে না চায় সংসারে সদ্ব্যবহারের দেনা!

থাকলে শুধুই পয়সা কড়ি ধনী সে তো নয়,
সুব্যবহার করে মনের জগৎটাকে জয়!

রক্ত ছাড়া যে সম্পর্ক আপন করা যায়,
সে তো মাত্র সদ্ব্যবহার স্মরণ রাখা চাই!

সৌন্দর্য্য উবে যাবে মন্দ ব্যবহারে,
কিনতে পারিস সারা জাহান সদয় ব্যবহারে!

রূপলাবণ্য অর্থকড়ি বিদ্যা কিংবা কুল,
সব ছেড়ে তোর ব্যবহারই পরিচয়ের মূল!

৭৭.দেশের সুনাম করলি মাটি

জাতের মাঝে লাগিয়ে বিভেদ দিস যে সাজাটি-
দেশের লোকের ঘুম ছুটিয়ে দেখিস মজাটি!
ছুটছে সবাই দিশাহারা-লাইন দিতে ফি!
মরছে কতক ভয়ে, কারোর দন্তে কপাটি!
চমকে লোকে জমকে ঘুমাস লাগিয়ে নাকে ঘি!

সুনাম দেশের করলি মাটি বলছে সবাই " ছিঃ! "
বিশ্বজুড়ে নিন্দার ঝড় শুনতে কি পাস নি!
পরে আছিস চক্ষে ঠুলি কর্ণে তালা কি?
কিসের প্রজাতন্ত্র সমাজ চাইছে আজাদি!
ধ্বনিত হোক এবার বিজয় কন্ঠে প্রজার-ই!

৭৮.সাধ হয় জানবার

সেজে ঘোর সংসারী সাজিয়ে বাসন হাঁড়ি
গৃহকোণে গৃহবধূটিরে-
সাধ হয় জানবার খেলাঘর গড়বার
আছে কিনা সখ তার কৈশোরে গিয়ে ফের ফিরে ?

গৃহকাজে রয়ে ভুলে ছোটে কি সে নদীকূলে
মনে মনে আগেকার মত?
শোনে তার কলতান গাছে পাখিদের গান
প্রাণ ভরে নেয় ঘ্রাণ অচেনা সে বনফুলে যত?

উদাসী সে মন হায় আজও মধু জোছনায়
রয় বসে ঘাস-গালিচাতে?
আজও কি সে আনমনে আকাশের তারা গোণে
লয়ে সাথী ভাইবোনে মাধবী আবেশে নিশিরাতে!

আজও কি সাগর তটে তেপান্তরের মাঠে
পক্ষীরাজেতে দিয়ে পাড়ি,
স্বপনে রাজকুমার করে তাকে উদ্ধার
নিয়ে প্রাণ ভ্রমরার রাক্ষস-কুল সংহারি?

হারানো স্বপ্নগুলো চাপা পড়ে নাই ধুলো!
আজও কি তা মেঘ হয়ে ভাসে?
মেখে নিয়ে সাতরঙ সেজে রকমারী ঢঙ-
গোধূলিতে রঙচঙ আজও কি তা রাজে নীলাকাশে?

আছে সে সাধের জের- কাছে গিয়ে পরীদের
পায়ে ধ'রে করে অনুনয়?
দুটি পাখা গুঁজে দিয়ে তাকেও সঙ্গে নিয়ে
ফুলে ফুলে সুধা পিয়ে দেয় উড়ান ত্রিভুবনময়!

কুড়ায়ে শিউলি ঝরা আজও কি সে মালা গড়া
চলে তার কল্পিত হাতে?
লুকানো ইচ্ছে যত এখনো কি অবিরত
ঠিক আগেকার মত সাথ দেয় আজও তার সাথে?

৭৯.হারানো স্বপ্ন

একদিন যে স্বপ্নগুলো
ভেঙে গেছে আয়নার মতন,
তার ভাঙা কাঁচগুলোয়
ধার নেই আর,
ফলে কাটে না আর পা তাতে,
রক্তাক্ত করে না তা
হৃদয়ে প্রকোষ্ঠ গুলো,
সে কাঁচে জমেছে আজ
অনেক ময়লাধুলো!

যে রঙিন স্বপ্নগুলো একদিন
ভাসতো আকাশে
গুণগুণ গান হয়ে-
পায় না আজ তা মনের নাগাল,
বেসুরো সুরের মত ঘোরে শুধু আশপাশ
কেটে যেন তাল!

যে স্বপ্ন কোনদিন
ভরেছিলো মনের বাগান,
সাতরঙা ফুল হয়ে
ছিলো হেসে হেসে!
সেগুলি যেন বহুদিন অবহেলায়
গিয়েছে শুকিয়ে আজ,
ফলে ছড়ায় না আর খুসবু বাতাসে!

তার মনোহরা রঙ
আকর্ষণ করে না আর মন!
হারানো সেই স্বপ্নগুলো
তবু যেন রয়ে যায় ডাস্টবিন হয়ে
হৃদয়ের আঙিনার
জুড়ে এক কোণ!

৮০.স্বর্গের কম কিসে

সারি সারি তালগাছ ঘিরে দুই ধার,
মাঝখানে মেঠো পথ বুক চিরে তার!
আঁকা বাঁকা পথখানি সর্পের মত,
চলে গেছে ততদূর চোখ যায় যত!

চারি পাশে ধানক্ষেত মাঝে খানাডোবা।
সবুজের ছয়লাপে কি যে তার শোভা!
জলাশয়ে ভ'রে আছে শাপলা ও পানা!
ধারে তার চরে বক জলচর নানা!

মাথার উপরে শোভে সুনীল আকাশ,
খেলে যায় কচি ধানে দখিন বাতাস!
সবুজ সাগর যায় যেদিকেই চোখ!
হয়ে যাই বিমোহিত চেয়ে অপলক!

এদিক সেদিক ওড়ে শালিক চড়ুই,
দলবেঁধে সীমানায় কত না তরুই!
দূর থেকে মনেহয় বুঝিবা পাহাড়,
পটে যেন ছবি কোন আঁকা বুঝি কার!

মাঠে ঘাটে ঘাস খায় সাদা কালো ধেনু,
কোথা হতে ভেসে আসে রাখালের বেণু!
আহা মরি মনোহারী বাংলার রূপ !
স্বর্গের কম কিসে ভাবি হয়ে চুপ !

৮১.হিংসার দোষ

মানুষজাতির আছে জেনো নানান প্রকার দোষ-
হিংসুক যে তারজন্য বড়ই সে আফসোস!
হিংসায় তার নইতো শুধু অন্যজনে পোড়ে,
নিজেও সে হিংসানলে জ্বলে পুড়ে মরে!

পরশ্রী কাতরতায় অষ্টপ্রহর ভোগে,
অবশেষে মরতে বসে দুরারোগ্য রোগে!
নিজের পায়ে কুড়ুল সে তার এমনি করে হানে,
সাধ করে সে নিজের অসুখ নিজেই ডেকে আনে!

অদৃষ্টে যা জুটছে সেটাই থাক না গিলে কুঁতে!
কোন আনন্দে সুখে খেতে কিলোয় তোকে ভুতে?
ঈশ্বর যা দেন কাউকে, তাইতো সে জন পায়-
স্মরণ রাখিস এ সত্যটা আত্মচেতনায়।

নিমগ্ন থাক নিজের নিজের কর্মফলের আশে,
করলে সবুর মিলবে সুফল জানবি অনায়াসে,
নষ্ট হবে শান্তি মনের অন্যথা এর হলে,
মিথ্যা শুধু তড়পাবি আর ভস্ম হবি জ্বলে !

৮২.হেমন্তী প্রভাতে

সাদা কালো মেঘেদের মোজায়েক আকাশে,
রাশি রাশি পেঁজাতুলো ভেসে যেন বাতাসে।

মুখ খানি ভার করে পাঁংশু ও ফ্যাকাসে,
রবি যেন পায় লাজ নিজ তেজ প্রকাশে!

মেঘের চাদরে চায় তেজ তার নেভাতে,
হিম হিম হাওয়া বয় হেমন্তী প্রভাতে।

ঘুম থেকে আড়মোড়া ভাঙে যেন জগতে,
বকগুলি দীঘিপাড়ে ব'সে বুঝি সভাতে!

সারা রাতে কাকভেজা শিশিরের ফোঁটাতে,
পাতাগুলি শিরশির কাঁপে যেন বোঁটাতে!

মাছরাঙা তারস্বরে ডাক দেয় ওঠাতে-
ঘুম থেকে, সাথীটির আলস্য ছোটাতে!

একে একে জাগে লোক গ্রামটির পাড়াতে,
মুখরিত চারিদিক তাদের ঐ সাড়াতে!

রবিমামা আর বুঝি পারে নাকো দাঁড়াতে,
উঁকিঝুঁকি দিতে থাকে মুখ খানি বাড়াতে!

৮৩.কৃতার্থ আমি

চোখ ভ'রে দেখি সোনার পৃথিবী,
নাকে সুগন্ধ পাই,
কানে শুনি বনে পাখির কাকলি,
অনুভব দিলে গায়!

জিভ আছে বলে মিষ্টি তিক্ত
স্বাদ বুঝে আমি খাই,
দিয়েছো দুটি পা তাই দিয়ে আমি
যেথা খুশি মন যাই!
এতো দিলে তুমি অঞ্জলি ভ'রে
তবু বলি নাই নাই!
হাত দুটি দিলে করিতে যাচনা
যত জাগে বাসনাই!

দিলে অন্তর ভালোবাসিবারে
আর বেশি কিবা চাই?
ক্ষমা করো ভুল, কৃতার্থ আমি-
তোমায় অনুভবি তাই!

৮৪.সূর্যসখী সূর্যমুখী

সূর্যমুখী চেয়ে থাকে সূর্য বিলায় আলো,
থাকুক দূরে তবু সে তার ভেবেই লাগে ভালো।
সূর্য থাকে ব্যস্ত যখন প্রদক্ষিণে দিক,
সূর্যমুখী ফিরায় যে মুখ তার পানেতেই ঠিক।

রাত্রে যখন আঁধার ঘনায় সূর্য চলে পাটে,
ভাবনায় তার সূর্যমুখীর সারাটা রাত কাটে।
না রইলেও সামনে চোখের মনটি জুড়ে রয়,
সূর্যমুখী মনের মাঝে তারই কথা কয়।

দিনে আবার উদয় হলে সূর্যসখার মুখ,
দীপ্তি ভরে সখীর হৃদে তৃপ্তি ভরা সুখ!
সূর্য তাকে হারায় কিনা জানতে নাহি চায়,
আপনি বিভোর আপন সুখে ভাবার সময় নাই!

বিমল প্রীতি এমনই হয় চায় না প্রতিদান,
ভালোবেসেই পায় যে সে সুখ অশেষ অফুরান!
থাকলে মনের গহন কোণে দূর কি আসে যায়,
মনের সোদর কাছেই থাকে মনের ভাবনায়।

সূর্যসখী সূর্যমুখীর এমনি কাটে দিন,
সন্ধ্যা সকাল বিকাল কেবল মিটিয়ে দিতে ঋণ।
দুজন থাকে সুজন হয়ে মাসের পরে মাস,
চোখের দেখাই মাত্র শুধু মনের অভিলাষ!

৮৫.বলিহারি তোমার দ্বেষ

কত স্বপ্ন কত আশা নিয়ে
মাতৃগর্ভে বপন হয় একটি মনুষ্য শাবক ,
হলেও সে মা বাবার সন্তান,
মনে রেখো ,
পরমেশ্বরই যে তার অভিভাবক।

দশমাস দশদিন ধরে ঈশ্বরের তত্ত্বাবধানে
সবার চোখের আড়ালে
তিলতিল ক'রে গড়ে ওঠে
তার প্রতিটা অঙ্গপ্রত্যঙ্গ ,
কত নিপুণতার সাথে!
তারপর শিশুটি ভূমিষ্ঠ হলে
কত যত্নে কত স্নেহে বেড়ে ওঠে সে
মায়ের অক্লান্ত পরিশ্রমে
কত দিন ধ'রে কত বিনিদ্র রাতে!

তারপর একসময় সে উপযুক্ত হয়
পরিবারের সব দায়িত্ব নেবার,
উপযুক্ত হয় পৃথিবীর কাছে
যত ঋণ তার-
তা ফিরিয়ে দেবার!

কত স্বজন পরিজন নির্ভর করে তার উপর,
তার বৃদ্ধ মাতাপিতা পরিবার সন্তানসন্ততি ,
সর্বোপরি সারাদেশ!
আর কত সহজেই এক বা একাধিক
নৃশংস মানুষ কোন এক দুর্ভাগ্যজনক মুহূর্তে
কন্ঠ চেপে শ্বাসরোধ ক'রে

হত্যা করে তাকে অবলীলায়!
হয় এক মহীরুহের মহাপতন!
একটি সম্ভাবনাময় জীবনের শেষ!

কত আশা স্বপ্ন নির্ভরতার হয়
নিমেষে অবসান!
বেশ!
হে হত্যাকারী ! হে মনুষ্যরূপী নরকের কীট!
বলিহারি তোমার নৃশংসতা!

বলিহারি তোমার -
বুদ্ধি-বিবেক-বিচার-বিবেচনা!
বলিহারি --- তোমার দ্বেষ !

৮৬.অধরা

সে তো দোকানের শো-কেসে সাজানো
সেই দুর্মূল্য হিরার গহনা
যা পরার সাধ জাগে,
কিন্তু পাওয়ার সাধ্য হয় না!

সে তো কোজাগরী পূর্ণিমার
জাজ্বল্যমান সেই পূর্ণচন্দ্র,
ছেঁড়া কাঁথায় শুয়ে যার কেবল
স্বপ্ন দেখা যায়,
কিন্তু ছুঁতে চাইতে হয় না।

শারদপ্রাতের নীলাকাশে সে তো
সেই ভাসমান মেঘমালা,
যার সঙ্গে ভেসে যাবার ইচ্ছা জাগে,
কিন্তু কোনো উপায় হয় না!

সে তো কাঞ্চনজঙ্ঘার হিমাদ্রীশিখরের
স্বর্ণপ্রভ তুষারশুভ্র,
মন ক্যামেরায় যার ছবি বন্দী করা যায়,
কিন্তু কোনদিন যার কাছে
পৌঁছানো যায় না!

সে তো শুধুই স্বপ্ন,স্বপ্ন আর স্বপ্ন
যা বারে বারে দেখতে ভালো লাগে,
আঁকতে ভালো লাগে,
চাইতে ভালো লাগে,
কিন্তু হারানোর ভয়ে--
পেতে মন চায় না!

৮৭.সবার চেয়ে দামী

নাইবা থাকে সামনে চোখের
আছে হৃদয় জুড়ে,
ভাবনা যে তার চারার মত
উঠছে স্মৃতি ফুঁড়ে!
যখন তখন কানে আমার
বাজছে তারই কথা,
শালের বনে মর্মরে বায়
শোনায় যেমন গাথা!
তরুর শাখায় বাবুই যেমন
যত্নে বোনে বাসা,
তেমন এ মন তারেই নিয়ে
স্বপ্ন রচে খাসা!
নদীর বুকে বাতাস ছোটে
যেমনটা ঢেউ তুলে,
অতীতকথা তেমনি করে
ভাসছে দুলে দুলে !
ফাগুন এলে তরুরদলে
যেমন জাগে খুশি,
তার ঐ সুবাস প্রাণে তেমন
পুলক রাখে পুষি!
সঙ্গসুখের সুধা যে তার
পেলাম যবে আমি,
পেলাম যেন সেই উপহার
সবার চেয়ে দামী!

৮৮.অপরূপ রূপ

অপরূপ মুখখানি
টিকালো সে নাক
চোখ দুটি চেরা যেন
পটলের ফাঁক!

কপালের 'পরে পড়ে
কালো গোছা কেশ,
ঢেউ খেলা ঠোঁট দুটি
সুগঠিত বেশ!

গায়ে যেন কাঁচা ঐ
হলুদের রঙ,
আহা মরি সুন্দরই
কিবা সেই ঢঙ!

রঙ নিয়ে ছেনি নিয়ে
বহু সযতনে,
বিধি বুঝি গড়েছিলো
বসি নির্জনে!

চোখে ভরা দুষ্টুমি
মাখা মৃদু হাসি,
অধরে ও মধুরতা
বড় ভালোবাসি!

সাধ দেখি ভরে আঁখি
কভু মেটে না তা
মন হয় এঁকে ফেলি
নিয়ে এক খাতা!

কলমের সাধ্য কি
আঁকে সেই রূপ,
আমি তাই থাকি চেয়ে
হয়ে নিশ্চুপ!

৮৯.পরিতাপ

ফেলে আসা দিন কত না রঙিন,
কত সুখকর হায়!
যখন সে ছিলো এ জীবন ঘিরে
তখন তা বুঝি নাই!

ফেলেছিনু শ্বাস ক'রে হাহুতাশ
কবে হবে শেষ তা-ই,
পড়াশুনা চাপ কবে হবে মাফ
বাঁচার যে কী উপায়!

একজাম ভয় ভুলিবার নয়,
কি মনোকষ্ট তায়!
দিনরাত খালি পড়া আর পড়া
কিভাবে মুক্তি পাই?

বড়োর শাসন, স্কুলানুশাসন
শুধু পরাধীনতা-ই!
ভাবি দিনমান হা ভগবান
এর অবসান চাই!

ছিলো না চিন্তা নেচে তা ধিনতা
কাটিয়েছি কত হায়!
আজ মনেহয় ভুলে সংশয়
সেদিনেই ফিরে যাই!

ভাবি নাকো মনে হারাবো জীবনে
আজকেরও দিনটায়!
কালকে আবার কাটাবো কেবল
সে অনুশোচনায়!

তাই বলি শোন রেখো নাকো কোন
পরিতাপ ভাবনায়,
ক'রে তা আপন করো গে যাপন
ভালোবেসে, পেলে যা-ই!

৯০.বুদ্ধিভ্রম

কাউকে ধরে পিটিয়ে মারে
লোকচক্ষুর মাঝে,
কাউকে পোড়ায় মাংস ছিঁড়ে
চিল শকুনের সাজে!
দাপিয়ে বেড়ায় পেটোয়ারা
করে যে শয়তানি -
বসে আছিস সিংহাসনে
তাইকি চোখে ছানি?

ভাঙিস গড়িস আইন কানুন
নিজের মনমতো!
নিজের পাতে ইচ্ছামতন
ঢালিস সুখে ঘৃত!
বাঁদর সেজে পিঠে ভাগে
সিদ্ধ দেখি হাত!
নিজের মত সাজিয়ে ঘুঁটি
কিস্তি করিস মাত!

নিজেই করে খুনখারাপি
কাজীর ধরিস ঘাড়,
নেই পরোয়া উপর ওয়ালার
এতই অহংকার?
ধরায় দেখিস সরার জ্ঞানে,
বড্ড পরাক্রম?
পতন হলে আসন্ন - হয়
এই বুদ্ধিভ্রম!

৯১.সুনাম বদনাম

এক যে ছিলেন রাজা,
শুনেছি তাঁর শাসনকালে
সুখেই ছিলো প্রজা!
সত্য ত্রেতা দ্বাপর শেষে
কলির যুগে ভাই!
যত্র তত্র নামে সে কি
দৌরাত্ম্য হায়!

এক যে ছিলেন রাজা,
শুনেছি তাঁর আমলে সব
সুখেই ছিলো প্রজা!
সত্যনিষ্ঠার জন্য তিনি
করেছিলেন ত্যাগ,
আজকে সব অপকর্মে
লাগায় সে নাম ট্যাগ!

এক যে ছিলেন রাজা,
শুনেছি তাঁর সুশাসনে
সুখেই ছিলো প্রজা!
করতে পালন পিতৃসত্য
করেন বনবাস!
আজ সে নামের দোহাই দিয়ে
হচ্ছে সত্যনাশ!
এক যে ছিলেন রাজা,
সত্য ন্যায়ের প্রতীক তিনি
এই তো বুঝি সোজা!
কী চলছে সেই নামে তাঁর
আজ ফিরতেন যদি-

খোদার কসম দুঃখে কেঁদে
বইয়ে দিতেন নদী!

৯২.থাকবো হয়ে একটা দীঘল শ্বাস

আমি তোমার মনে রাখার
এমন কী আর কেউ?
হয়তো মনের ভাব সাগরের
অন্য আরেক ঢেউ!
করছি মৃদু ওঠানামা
অগোচরেতেও,
এমনটাতো করছে হাজার,
মনে কি থাকে সেও?
ভাবনা তরুর শতেক পাতা,
একটা যদি ঝরে-
বলো তবে তার কথা আর
কার বা মনে পড়ে?
মনের আকাশ বিশাল বড়
সেথায় কোটি তারা,
একটা যদি পড়লো খসে
রাখবে মনে কারা?
হয়তো আমি তোমার কোনো
কবিতার এক লাইন,
একটু ওলোট পালোট হলে
কী আর হবে ফাইন?
অবচেতন মনে নাহয়
থাকবে আমার বাস,
থাকবো নাহয় হয়ে শুধুই
একটা দীঘল শ্বাস!

৯৩.ধর্ম নিয়ে ভড়ং

জাত-বেজাতের দ্বন্দ্বে সময় নষ্ট কেন ভাই?
ধর্ম সেকি গন্ধ শোঁকার নাকি - ধুয়ে খায়?
জাত কী ছিলো জন্ম যেদিন নিলি আঁতুড়ঘরে?
মানুষ হতে পারলি কি দ্যাখ জাতের হিসাব পরে!

মানুষ বেশে জন্ম নিলেই মানুষ কি কেউ হয়?
বুদ্ধিবিবেক ধৈর্য্য দয়াই মানব পরিচয়!
মায়ের আদর করিস কিনা জ্ঞানীর কদর কি?
ভিক্ষুককে মেরে তাড়াস নাইরে শরম ছি!

অপরজনের বিপদ দেখে দোরে আঁটিস খিল ?
করিস কি তুই পরোপকার কখনো এক তিল ?
প্রতাপশালীর চাটিস যে পা ক্ষমতার ঐ লোভে!
চাইতে এলে সাহায্য কেউ উঠিস ফুঁসে ক্ষোভে!

ধর্ম নিয়ে মিছেই বড়াই লড়াই জীবনভোর -
যতই করিস সাধন ভজন বৃথাই সবই তোর!
ধর্ম নিয়ে ভড়ং যাদের জাত বেজাতের শোর
মেকি তাদের ভক্তি প্রাণে অজ্ঞানতার ঘোর !

সকল জীবের প্রভু যিনি দয়া সবেই তাঁর,
দেখিস ভেবে করেন কভু এমন বাদবিচার?
জল বায়ু আহার বিহার সমান ভাবে দেন,
দেবার আগে কখনো কি জাতের খবর নেন?
এতোই যদি ধর্মে মতি ডাকার মত ডাক!
লোক দেখিয়ে ধর্মাচারের পেটাস কেন ঢাক?
সৃষ্টি প্রেমেই স্রষ্টা সেবা রাখিস সেটা মনে,
অন্যথায় এর পাবি না ঠাঁই তাঁহার শ্রীচরণে!

৯৪.বসন্ত এসে গেছে

ঘুমঘোরে শুনি ভোরে কোকিলেরা ডাকে,
যেন বসন্ত এসে গেছে জানায় আমাকে।
চেয়ে দেখি রঙ সেকি দিগন্ত মাখে,
ঢালে কেউ লাল আবির আকাশের কাঁখে!
থরে থরে ফুলহার সেজে বনশাখে,
মুকুলিত মঞ্জরী কিশলয় ফাঁকে!
চঞ্চল মৌমাছি উড়ে পাকে পাকে-
ফুলদল হতে মধু ভরে মৌচাকে!
শিমূল পলাশ সাজে গাছে থাকে থাকে,
কাঞ্চন সৌরভ লাগে এসে নাকে।
কৃষ্ণচূড়ার রূপে তরুবর ঢাকে,
ভ্রমরীরা গান গায় ঘিরে নিয়ে তাকে!
যেন খুশি ধরে নাকো কোথা তারে রাখে,
এসে গেছে ঋতুরাজ মন চায় যাকে!
গান গেয়ে পাখি তাই ওড়ে ঝাঁকে ঝাঁকে,
ঘুরে ঘুরে সোনারোদ মুখে যেন চাখে!
নিয়ে বসে একমনে ক্যানভাসটাকে -
যেন কোন শিল্পী সে চিত্রাদি আঁকে!
চারিদিক সুশোভিত ফুলেল পোশাকে,
ফাল্গুন বিকশিত জমকে ও জাঁকে!

৯৫.ভীমরতি

ডুবছে তরী দেখছে সবাই
দাঁড়িয়ে তবু ঠায়!
না সাঁতরিয়ে জাপটে ধ'রে
মাঝির গুণ গায়!
দেখছে নেয়ে এক এক ক'রে
ফেলছে তাদের জলে,
তবু তারা বাড়াচ্ছে হাত
গামছা বেঁধে গলে!

দেশটা গেলো রসাতলে
সবাই তবু চুপ!
কি জানি কী মন্ত্রে সবার
নির্বিকার এই রূপ!
ঘুমিয়ে আছে দেশের বিবেক
লজ্জা ভেবে ছিঃ!
জনগণের চোখে ঠুলি
বাঁচার উপায় কী?

ষণ্ড সেজে ভণ্ড সাধু
বাধায় গণ্ডগোল,
ভোগী পরে যোগীর বসন
মুখে হরির বোল!
বশীকরণ মন্ত্রে সবাই
বুদ্ধু বনে হায়!
উর্দিবদল করলে বুঝি
সত্য চাপা যায়?

পিপড়ে সম অগ্নি পানে
মরবে বলে ছোটে,
আশু মরণ জেনেও লোকের
হুঁশ ফেরে না মোটে!
মরণকালে ভীমরতিটা
এমনি বুঝি ধরে!
করো উদ্ধার হে দয়াময়!
মাগি জোড়-করে।

৯৬.মরণ ফাঁদ

খুঁজে পেলাম আপন জনে
স্বপন দেখার ছলে,
তবু কেন গহন মনে
দহন ব্যথা জ্বলে?
বুকটা ভরে আছে তবু
সুখটা কেন নেই?
মুখটা ভাসে চোখের সমুখ,
দুখটা কেন সেই!

ভাবি না আর মন্দ ভালো
ছন্দ ফেরায় যা,
মনের কূলে সাজায় তুলে,
গন্ধ বিলায় তা!
সঠিক বেঠিক হিসাব কষে
লাভ কি বলো তাই,
দিলে যাতে মুক্তি মিলে
থাকবো তারই ছায়।

ময়না মনের কয় না কথা
বায়না বড় তার,
সায় না পেলে মুখটি তুলে
চায় না ফিরে আর!
চাঁদের হাসি যাচ্ছে ভাসি
গগনতলে ঐ
আয় না সখি দুঃখ সুখের
গল্পকথা কই।

মনের মাঝি বড়ই পাজি
ডাকবো কাজী তাই,
যখন তখন মনের মাঝে
ঘুচবে ওঠা বাই!
যতই তাকে ভুলিয়ে রাখি
ততই করে জিদ,
হয়েছে কি মরণ কোথায়
পাবো সে সুহৃদ !

৯৭.অপদার্থ লোক

দেশের শাসনযন্ত্র যখন শোষণ করে দেশ,
তখন দেশী সেলিব্রিটির নাইকো কোন শ্লেষ!
নিপীড়িত গরীব কৃষক ভগ্ন তাদের আশা,
হচ্ছে গলাটেপা তাদের প্রতিবাদের ভাষা!
তারাই দেশের ভিত্তি নাকি ভিত্তি দেশের নেতা?
কিসের ভয়ে পড়ে আছো ধরে তাদের কেতা?
শাসকদের হয়ে বলো বড় বড় কথা,
অন্নদাতার ক্লেশে তোমার নাইকো মাথাব্যথা?

বন্ধ তাদের পানীয়জল ইলেকট্রিক আলো,
নেট বন্ধ গেট বন্ধ সেটাই তবে ভালো?
দমন পীড়ন চলছে দেখেও থাকছো তুমি মূক,
বিদেশীদের নড়লে টনক জ্বলছে কেন বুক?
আজকে তুমি নামী দামী তাই লাগে না গায়,
মরছে যখন একটা শ্রেণী নাই কি তোমার দায়?
জনগণ না জননেতা কোনটা তবে আগে?
আঁচড় লাগার ভয়ে কি ভাই সরছো আগে ভাগে?

আছো উপরমহলে তাই পড়ে না টান চুলে,
তাই বলে কি দায়িত্বজ্ঞান সবই গেছো ভুলে?
নিপীড়নে স্বদেশবাসীর লাগে না কি ক্লেশ?
তখন বুঝি হয় না দেশের সার্বভৌম্যত্ব শেষ?
লণ্ডভণ্ড দেশে যখন কোথায় ছিলে তুমি?
আজকে হঠাৎ উদয় হলে বাঁচাতে এই ভূমি!
গেলো গেলো দেশের সুনাম বলে জানাও শোক!
মাথা দিলে বিকিয়ে তুমি অপদার্থ লোক!

৯৮.জানতে ইচ্ছে আরেকবার

কেমন আছিস দুর্নিবার?
সব ভালো তো?
কেমন আছে গৃহকর্ত্রী ,সন্তানেরা?
নিশ্চয় হয়েছিলি গৃহস্থ?

রাগ করিস না যেন
খোঁজ নিচ্ছি বলে
দীর্ঘ তেত্রিশ বছর পর?
তাও হয় তো নিতাম না,
নিলাম- নেহাৎ যাচ্ছিলাম ব'লে
গ্রামের পাশ দিয়ে তোর।

আমি এখন ভিনদেশী
থাকি অনেক দূর,
পথে যেতে যেতে দেখলাম
লেখা আছে ---
অবিনাশ পুর।
তাই হঠাৎ মনে হলো তোর কথা।
তুই তো ছিলি এই গ্রামেরই
শুনেছিলাম যথা।

মনে পড়লো --
কলেজে যখন ঘুরতাম
অফ পিরিয়ডটাতে,
বাউন্ডারির এদিক সেদিক
সঙ্গী কেয়ার সাথে,
দেবদারু গাছের নীচে দাঁড়িয়ে

বন্ধুদের নিয়ে
গল্প করতে করতে থাকতিস
একদৃষ্টে আমার দিকে চেয়ে।

ভাবতাম অবাক হয়ে ,
হয়ে কিছুটা চিন্তিত,
কী আছে আমার চেহারায়,
এমন দেখার মত!

কালের অমোঘ স্রোতে আজ
হয়ে এসেছি তিনটি দশক পার,
পাক ধরেছে চুলে,
আর ভাঁজ চামড়ার!

আজ আবার যদি দেখা হয় হঠাৎ -

চাইবি কি অমন ক'রে আমার পানে
নিষ্পলকে আর?
বড্ড যে ইচ্ছে হচ্ছেরে দুর্নিবার
জানতে ---আরেকবার!!!

৯৯.বাংলা আমার রূপের ডালি

বাংলা আমার রূপের ডালি
নেইতো এমন দুই!
গ্রীষ্মে ফোটে গন্ধরাজ,
বর্ষাকালে জুঁই,
কুমুদ বেলি মাধবীলতার
গন্ধ কেন খুই?
হাস্নাহেনা কাঁঠাল চাঁপা
যত্নে তুলে থুই!
পদ্ম ফোটে শরৎকালে
শিউলি ঝরা ভুঁই,
হেমন্তে তো গোলাপ ফোটে
জানিস নাকি তুই?
শীতে ফোটে ডালিয়া গাঁদা
সাজিয়ে টবে রুই,
আলোয় আলো সারা বাগান
ফুলের ভারে নুই,
কৃষ্ণচূড়া পলাশ শিমূল
বসন্ততে ছুঁই!
সারা বছর ফুটছে হাজার
শোনাই কত মুই?
বাতাস ভরা ফুলের সুবাস,
সবার ঘ্রাণেই শুই।
বাংলা আমার রূপের ডালি
নেইতো এমন দুই!

১০০.সার্থক এই জন্মগ্রহণ

ফুলে ফুলে ভরা
আমার বসুন্ধরা,
শীত গ্রীষ্ম বসন্তে যে
সাজছে মনোহরা!

রঙবেরঙের পাখি
ভরিয়ে তরুর শাখি
সকাল বিকাল সন্ধ্যাবেলা
করছে ডাকাডাকি!

সুনীল সুনীল মেঘে
আকাশ পারে জেগে
লাগিয়ে পালে পুবের হাওয়া
ধাইছে খরবেগে!

ছলাৎ ছলাৎ জলে
দীঘির কূলে কূলে
জলতরঙ্গ বাজায় যেন
বিবিধ সুর তুলে!

সবুজ সবুজ পাতা
দুলিয়ে তার মাথা
করতালির সঙ্গে জানায়
আনন্দ বারতা!

ছায়াছবি

রবির কিরণধারা
হিসাব নিকাশ হারা
আশীষ হয়ে ঝ'রে যেন
ভরায় ভুবন সারা!

এইতো আমার ধরা
রঙ্গরসে ভরা,
ধন্য আমি সার্থক এই
জন্মগ্রহণ করা!

www.ingramcontent.com/pod-product-compliance
Lightning Source LLC
LaVergne TN
LVHW100330181026
850499LV00039B/1026
* 9 7 8 9 3 5 4 5 8 6 6 1 3 *